なぜ崎陽軒のシウマイは冷たいのに売れるのか？

～Think different 30
売れ続けるヒット商品を読み解く～

はじめに

ヒット商品は、偶然の発見から生まれ得る!

ポストイットは、まったくの偶然から生まれたヒット商品です。

1969年、スリーエムの研究員スペンサー・シルバーが、強力な接着剤を研究していました。ところが研究はなかなか思うようにいかず、日々、失敗の繰り返しでした。中にはたまたまできてしまった「よく付くものの、簡単に剥がれる」奇妙な接着剤もありました。

通常、こうした失敗作は棄てられてしまうものです。しかし、なぜかそのときのシルバーはそうしなかったのです。顕微鏡を覗いた彼は、従来の接着剤には見られない不思議な現象を目にして、すっかり虜になってしまったからでした。やがて、彼はこう直感しました。

はじめに

「これは何か有効に使えるに違いない！」

そして、その発見は、かなりの時間を経てですが、実を結びます。

普通ならば失敗作として扱われるその接着剤から、同社の研究員アート・フライが「讃美歌集の栞《しおり》として使えるのではないか」というアイディアを閃きます。シルバーが奇妙な接着剤を作ってから5年後のことでした。

接着剤は一旦貼り付けたら、そう簡単には剥がせません……と言うか、剥がれては困ります。無理をすると紙が破れたりしますから、貼ったままにしておくことが大前提です。

しかし、何でもかんでも貼っておきたいわけではありません。一時的に貼っておいて用事が済んだら剥がしたいものもあります。

貼って剥がす。

剥がせるように貼る。

「本の栞に使えるのでは？」

フライのアイディアで、状況は一変しました。

もしもフライのひらめきがなければ、「貼って剥がせる付箋」という便利なアイテムは誕生しなかったかもしれません。発想の転換は新たな市場を創造することができるのです。

崎陽軒のシウマイは「かつてなかった新たな価値」である

さて、本書のタイトルでもある「崎陽軒のシウマイ」にテーマを移しましょう。

崎陽軒のシウマイ（今では一般的に「シュウマイ」「焼売」ですが、本書では商品名に即して「シウマイ」で統一します）もまた、発想の転換で生まれたロングヒット商品です。

崎陽軒のシウマイは1928年に発売がスタートしました。現代と違って、弁当は冷たくて当たり前の時代です。本来、中華料理の点心は湯気が立ち上る蒸籠《せいろう》で供されるくらい、でき立ての熱々がおいしい料理ですから、弁当には不向きかもしれません。

もしもそこで「弁当のシウマイが冷たいのは当たり前」と割り切っていたら、今日の崎陽軒はなかったでしょう。

当時の店主は「弁当が冷たいのは仕方ない、それならば、冷たいからこそおいしいと感じるシウマイを作ろう」とレシピ開発に情熱を注ぎ、ホタテ貝柱から出たスープを混ぜ込むなど工夫を凝らした独自のシウマイづくりに成功します。すさまじい試行錯誤を重ねた結果、「かつてなかった新たな価値を持った商品」が登場したわけです。

ある一人の男のこだわりや熱意が、新しい市場を作ったのです。

はじめに

さて、ここでひとつ、あなたの周囲でニュースなどに取り上げられる「うまく行っている商品、会社、店、サービス」などを改めて見回してみてください。多かれ少なかれ、かつてなかったものへのチャレンジの結果で生まれたものばかりではないでしょうか。

そう。こうした例は、ちょっと見まわすだけでも山ほどあるのです。まさに金の鉱脈です。掘ってみなければわからない〝隠れ資産〟です。そしてそれは、明日、いえ、今日にでもあなたが手に入れることのできる成功なのです。

実は、こういったチャンスは世の中にいっぱいあるはずなのですが、ほとんどが見過ごされているように私は思います。

「これが当たり前」だと割り切ったり、「こういうものだから仕方ない」とあきらめたりすれば、扉は開かれません。物事を上から見たり下から見たり斜めから覗きこんだり……と視点を変えてみましょう。

その発想の転換がヒット商品を生み出すためには必要なのです。

本書は、あなたにそうした「金の鉱脈」を見つける視点を提供するために書かれました。

この視点を手に入れられれば、その瞬間からあなたの世界は金の鉱脈だらけの世界になるでしょう。そしてその活かし方次第では、あなたも「かつてなかった価値」を生み出す人になれるかもしれません。

次のブランドは、この瞬間からのあなたの行動で生まれる

申し遅れました。マーケターの中山マコトです。本書を手に取ってくださり、ありがとうございます。

長年、マーケターとしてマーケティングの世界で仕事をしてきました。マーケティングの本を含め、これまでに41冊の著書があり、本書は42冊にあたります。

仕事柄、ずっと市場を見てきました。生まれてはすぐに消えゆく商品、企業、店舗もたくさん見てきました。やはり軽々しく流行に乗るもの（これを私はイージーライダーと呼んでいますが）は長続きしません。長く続く良いもの＝ブランドと言いますが、ブランドは一朝一夕でき上がることはないのです。

譲れないもの、こだわることを、商品・サービスを通じて伝え続けるからこそ、そこにお客さんとの強く太い関係ができる。結果、それが世間的にブランドと呼ばれるようになっていくのです。

私は個人的に「最低でも10年は続かなければブランドを名乗ってはいけない！」という主

義です。本書でご紹介する実例も、いずれもブランドを名乗るに足るだけの実績とこだわりを持っています。

そして、あなたのビジネスの大いなるヒントを内包しています。ですが、読んだだけでは成果にはつながりません。応用して、取り入れて、初めて役に立ったと言えるのです。

永井孝尚さんの著書『１００円のコーラを１０００円で売る方法②』の中に「企画力とは〝企画を実行する力〟、言い換えれば、〝組織を動かす力〟のことです」というフレーズが出てきますが、ヒット商品を生み出すには、発想を転換し、周囲を巻き込んで実際に動かしてみるしかないのです。

その〝行動〟から、新しい価値を持った商品・サービスが生まれて来るのです。ぜひぜひ動いてみて下さい。健闘を祈ります。

はじめに

第1章 崎陽軒のシウマイは、なぜ冷たいのにおいしいのか？

第2章 独自視点で逆境に打ち勝った企業たち

第3章

「お客さんのために！」をこだわり抜いた店たち

第4章 普通じゃない！だから心に響いた仕掛けたち

第5章

「ここぞ！」のタイミングで伝家の宝刀を抜いた商品たち

第6章 売り込まずに買いたいと思わせた企業たち

第7章

ターゲットを絞り切る！
だから愛された店たち

第8章

逆転の発想で新市場を切り拓いた商品たち

第9章

変化しても芯はブレない、だから愛された企業たち

第10章 すぐ傍にいるThink differentの達人たち

第1章

崎陽軒のシウマイは、なぜ冷たいのにおいしいのか？

「夏にバナナは売れない」を逆転させたDole社

いきなりですが、この世の中は逆境に満ちています。

思い通りにいかないことばかり……いえ、むしろ世の中や人生なんて、思い通りになんていかないことのほうが多いものです。

そんな逆境の最中にあるとき、どんな言葉を使いますか？

「この世は理不尽なことばかりだ」と呪詛を唱えながらあきらめて生きるのか、「世の中というものはうまくいかないものだ」と流れに身を任せるか。

それとも「世の中がそうなら、これこそが逆転するチャンスだ」と立ち上がるのか。

考え方次第で、あなたのビジネスはきっと変わります！

「そんなことはわかっているよ！　だけど……」

そう思っている人もいるかもしれませんね。

理屈ではわかっている。だけど、実際にどうしたらいいのかはわからない。

そんなあなたのために、まずＤｏｌｅ社の大成功例からご紹介します。

重要なのは「今をどう捉えるか？」です。現状を逆境だと感じたときに「これが当たり前だから、仕方ない」とあきらめてしまえば、思考が停止してジ・エンドです。

ですが、逆境に打ち勝った人たちはその〝当たり前〟を否定し、〝仕方ない〟を排除しています。

難しいのは、そのビジネスに通じている人ほど、何が当たり前なのか、何が当たり前じゃないのかがわからなくなってしまうことです。

例えば、バナナは夏場に消費量が落ちる果物です。濃厚な甘みと、とろりとした口当たりがバナナの魅力ですが、暑くて喉が渇く季節に、バナナをモリモリ食べる気持ちにはなれません。

夏にバナナが売れないのは当たり前――そうあきらめてしまえば、それ以上の広がりは期待できません。そこが限界です。

夏はあきらめて、それ以外のシーズンでバナナを売り込むという戦略もあるでしょう。しかし、フルーツ販売で有名な株式会社ＤｏｌｅはそのことGに満足しませんでした。

夏以外のシーズンにももちろんたくさん売る。でも、夏にも今まで以上に売る――そう考えたのです。

では、どうするか？

実態を把握するためにリサーチをかけてみたところ、気温の高い季節は熟成が進んで比較的傷みやすいため、夏場にバナナを買う人は冷凍してアイスクリーム感覚で食べている人が多いことがわかりました。

Ｄｏｌｅ社の担当者はそこに〝チャンス〟を見つけたのです。バナナの販促品として、シリコン製のケースを取り入れました。

このケース、見た目はバナナを模していて、丸ごと一本入れることができるのですが、秀逸なのは内側部分。ここに波型のスライサーがセットされているので、皮をむいたバナナを入れて蓋を閉じると1センチほどの厚みに、自動的にカットできたのです。そのまま冷凍庫に入れれば、１００％バナナの一口アイスができ上がるというわけです。

まさに画期的！　それまでにはどこにもなかった発想です。

この作戦が大当たりし、Ｄｏｌｅ社は例年以上にバナナを多く販売することができました。

今、あなたが夏場にバナナを食べられるとしたら、それはこの瞬間のアイディアによるものなのです。「夏にバナナは売れない」という当たり前を是とせず、挑戦したことで市場を広げた好事例と言えるでしょう。

崎陽軒のシウマイ弁当を生んだ「Think《シンク》 different《ディファレント》」

20世紀の終わりごろ、アップルコンピュータの企業スローガンとして使われ、広告でも毎日のように目にしたフレーズがあります。

それが「Think different」です。

アップルコンピュータがこのフレーズを通して伝えたかったことは、たくさんあると思います。ですがやはり、最も大きなメッセージはこれでしょう。

「Think different ＝他とは違うことを考えようよ！」

この思想がベースにあったからこそ、アップルコンピュータの躍進はありましたし、次々に新しい商品・サービスを生み出す革新的な企業風土が確立されたのだと私は思います。

Think different な企業は世の中にたくさんあります。すべての企業が Think different を意識しているかどうかはこの場合、関係ありません。

そうした発想ができるかどうか。そんな発想を生み出す風土があるかどうか。そして何より、それを許す風土があるかどうか――ここがポイントです。

そして、Think different な発想こそが、私たちに新たなチャンスや新たなヒント、新たなマーケットを提供してくれることは間違いのないことに思えます。

さて、Think different と言えば、冒頭でもお伝えした通り、崎陽軒です。あなたが何気なく食べている（時に東京駅で新幹線に乗る直前に購入する）シウマイ弁当の、あの崎陽軒です。駅弁市場を大きく、まさに音を立てて革新した企業です。

シウマイは、いわゆる点心です。点心は温かい、蒸し立て、でき立てをフーフーしながら食べるのが醍醐味とされています。冷たい状態で出てきたら、普通は怒られます。

しかし崎陽軒は、そこに真っ向から勝負球を投げ込みました。

駅弁、いわゆる列車の中で食べる弁当は、基本的にレンジで温めたり、熱を加えることはできません。現在でこそ、ひもを引っ張って温めるタイプのお弁当も出ていますが少数派ですし、仕掛けにコストがかさんで高額にならざるを得ません（紐を引くと容器内の水袋が破れ、酸化カルシウムと水が反応して発熱する仕掛けが施されているのです）。

崎陽軒のシウマイ弁当は、あくまでも庶民派のお弁当でしたから、これが高価だと買ってはもらえない。そこで当時の社長のチャレンジが始まります。

冷たくてもおいしく食べられるシウマイの弁当ができないか？

この「冷たくてもおいしく食べられるシウマイの弁当」という部分が、まさに、Think

different なのです。

Think differentでスリーピング・マーケットを独占せよ

Think different は、一般的な「それまでの常識を覆す」などとは違う発想法です。対極や真逆とまではいかず、「そっちもあるよね！」という対立軸なのです。

これを専門用語で言い換えると「スリーピング・マーケット」と言います。

このスリーピング・マーケットを掘り起こすことは、とても重要です。なぜなら、すでに目に見えている既存のマーケットにはライバルたちがひしめき、うごめき、奪い合っているからです。

そんなライバルだらけの市場に後発の、しかも中小・零細の企業が参入するのは、あまりにも壁が高すぎます。〝切った張った〟〝取った取られた〟〝勝った負けた〟の叩き合いでは勝ち目はない、ということです。

だからこそ必要になるのが Think different な発想なのです。その土俵さえ創ってしまえば、ライバルはいません。ライバルがいないのですから、独占市場です。

そう。土俵は上がるものではなく、自ら創るものなのです！

私たちはその土俵の創り方を横浜崎陽軒に学ぶ必要があるのです。

冷たくてもおいしいシウマイを生み出した、まさにかつてなかった新たなマーケットを創り出した崎陽軒は私たちのバイブルと言えます。


世の中には〝革新〟と呼ばれる大きな節目があります。電話の登場やコンピュータの登場、携帯電話やスマートフォンもそうですし、最近ではハイブリッド・カーや自動運転などは実に大きな革新でした。こうして数え上げていけば、切りがありません。

しかし、そんな革新たちの中でも私が特に注目しているのが、横浜崎陽軒のシウマイ弁当の登場です。というのも、携帯電話やスマートフォン、ハイブリッド・カーや自動運転は、誰もがそう簡単にできるものではないですが、崎陽軒の駅弁なら、モデルにできる可能性が高いからです。

「え？　駅弁？」と思われるかもしれません。

ですが、もしもその駅弁に、あなたの会社やお店、ビジネス、ひょっとしたら人生までもが激変するかもしれない大きなヒントが隠されているとしたら……ぜひ、触れてみてもらいたいのです。知ってもらいたいのです。

食いしん坊マーケター、冷たくてもおいしいシウマイの虜になる

ここまで熱く語っている崎陽軒のシウマイですが、別に私と崎陽軒のシウマイの出会いに何か劇的なものがあるわけではありません。それでも感じてしまったし、気づいてしまったし、思い入れてしまった。

私が食いしん坊（食いしん坊マーケターと名乗っています）なのは否定しません。仕事柄、旅が多く、かつ飛行機が苦手なので、可能な限り列車を利用する機会が多いことからか、特にこのシウマイ弁当とは並々ならぬ関係になってしまったのかもしれません。

「あれ？　このシウマイ、冷たいのにメチャメチャおいしい！　どうしてだろう？」

最初はそんな、ちょっとした疑問からのスタートでした。

先ほども書きましたが、通常、シウマイを含む点心は蒸篭に入って出てきますし、蓋までついている場合があります。要は〝熱さが命〟なのです。熱い状態で出しても、冷めたら味が落ちると思われていますし、店で冷めた点心を出したらお客さんは絶対に怒ります。それが当然の世界です。

ですから私も、初めて崎陽軒のシウマイ弁当を買って新幹線に乗り込んだときは、ある種の妥協を抱えていたんです。「ま、冷たくても仕方ないよね？　我慢して食べよう！」という感じで、大した期待など持っていませんでした。

しかし食べてみると、「あれ？　すごくおいしい！」。と言うか「冷めたシウマイのネガティヴな要素がまったくないじゃん！」と驚きました。

冷たいのにおいしいシウマイを次から次へと口に運びながら「なんでだ？」「何が違うんだ！」とその秘密を探りました。正直、マーケターのくせにその場でその根拠を解明することはできませんでした。

ですが、旅を終えて東京に戻り、崎陽軒やシウマイについて色々と調べてみると、実に多くの努力や試行錯誤が、この「冷たくてもおいしいシウマイ」を生み出し、1日に2万3000個、日本一売れるお弁当に成長させたのだと気づきました。2万3000個ですよ。これは凄まじい数字です！　その一部の数字を担えているのが光栄に思えるほどです！

それから数日間、私は何度もシウマイ弁当を買い込み、食べ続け、そのおいしさの秘密に辿り着こうと必死になりました。

なぜ崎陽軒のシウマイは、冷たいのにおいしいのか？

実は、崎陽軒のシウマイ弁当が冷たくてもおいしい秘密はたくさんあると思います。私は食の研究に関してはあくまでもシロートですので、ここではシロートながらに「冷たくてもおいしいシウマイの秘密」を解き明かしてみたいと思います。

一般的にシウマイは、ひき肉と片栗粉、そして皮でできています。もちろん色々なタイプのシウマイがあって（エビ焼売やカニ焼売など）それぞれ個性的ですが、基本はひき肉と片栗粉です。

ですが崎陽軒のシウマイは、そこに決定的な工夫と言うか、特徴を加えています。それが「ホタテのエキス」です。

ご存知でしょうか？　貝は〝うまみ成分の権化〟なのです。

肉料理は、冷めるとうまみを失って、特にどうということのない味になるのが普通です。もちろん、ひき肉を使うシウマイも例にもれず、これだとシウマイを喜んで食べてもらえません。

そこを解消したいと思った崎陽軒の創始者・久保久行さんは、壮大なチャレンジを始めました。その試行錯誤の過程は明らかにされてはいませんが、とにかく膨大な作業やトライアルの結果、ホタテ貝にたどり着いたのです。

オホーツク海で獲れた新鮮なホタテを乾燥させて、うま味を凝縮させた干し貝柱を使用。そのエキスをひと晩かけて水で戻し、うま味エキスがたっぷり出たスープと一緒に豚肉に混ぜる。

肉は、冷めると味が落ちてしまいますが、そこに干しホタテ貝柱とエキスを加えることで、お互いの個性を引き出して味に深みが増し、冷たくなってもおいしいシウマイになるのだそうです。

ちなみにこの干しホタテの現物は、崎陽軒の工場見学に行くと見られるそうです。

工場見学のホームページには、

「崎陽軒 横浜工場」では、２０１７年８月２日より、「シウマイ」に加えて「弁当」製造ラインもご覧いただけるようになりました。「駅弁の歴史」から「シウマイ弁当のひみつ」、もちろん弁当・シウマイの「製造ライン」もガラス越しにてご覧いただける、大人からお子様まで幅広くお楽しみいただける内容となっております。

更に、リニューアルを機にお客様がよりご予約いただきやすいよう、受け入れ人数を１日１００

名様から１日１８０名様へ大幅に増やし、予約方法もＷＥＢ予約を開始いたしました。

崎陽軒はこれからも安全安心なものづくりを知っていただけるよう努めて参ります。ぜひ、崎陽軒横浜工場の工場見学へお越しください。

■工場見学概要■
崎陽軒の歴史ＶＴＲ→シウマイの製造工程見学→しょう油入れのひょうちゃん展示→駅弁の歴史→シウマイ弁当のひみつをご紹介→弁当の箱詰めライン見学→できたてのシウマイ・シウマイ弁当のおかず・中華菓子の試食（所要時間：約90分）

と書かれていますので、ここまで読んで我慢できなくなった人は、本書をちょっとだけお休みして、ぜひ行ってみてください（笑）。


さて、崎陽軒のシウマイがおいしいことはもうわかったと思います。

それよりも、もっともっと重要なことがあります。それが冒頭から繰り返しお伝えしているThink differentな発想です。

「今までになかったもの、世の中に存在しなかったものを生み出そう！　そうなることで必ず喜んでくれる人がいる！　まだ見ぬ人を喜ばせたい！」という思いです。

崎陽軒で言えば、「冷たくてもおいしいシウマイを創ろう！　旅を今まで以上に楽しんでもらおう！」という圧倒的な〝サービス精神〟です。これこそが「冷めてもなお、おいしいシウマイ」を創り出したのです。ホタテ貝のおかげで、私たちは今日もおいしいお弁当にありつけるわけです。

なぜ崎陽軒のシウマイ弁当は、ご飯もおいしいのか？

もうひとつ、崎陽軒のシウマイ弁当を際立たせている〝ある秘密〟があります。それは、お米＝ご飯です。ご飯とシウマイの絶妙な調和が、崎陽軒のシウマイ弁当をワンランク上のおいしさに仕上げています。

次は、そのご飯の秘密を見てみましょう。

「いつやるの？　今でしょ！」でおなじみの林修先生が、某テレビ番組で「崎陽軒のシウマイ弁当のフタにご飯粒がついているのは、おいしいお弁当の証拠」と仰っていました。

崎陽軒のご飯は、通常の水で炊く方法ではなく、水蒸気を使って炊きあげる「蒸気炒飯方式」を採用しているのだそうです。これは「おこわ」を炊くのと同じ炊き方なのです。

炊きあがりのご飯が余分な水分を持たないように、水蒸気で炊きあげる。するとモチモチな食感が生まれ、だから弁当のフタにご飯粒がくっつく。

これこそが、おいしいご飯の証拠なのです。

崎陽軒の弁当を食べるときにフタについたご飯粒を一生懸命取っている人（私もその一人です）がいますが、あれはまさにその効能。おいしく炊けているからこその恩恵です。面倒がらずにきちんと取って、全部食べてあげましょう。

おいしく炊けて、かつ冷めてもおいしいご飯と、冷めてもうまみを失わないシウマイとの抜群のハーモニー。これが崎陽軒のシウマイ弁当の魅力の柱となっているわけです。

「シウマイは冷たくてもおいしい。でも、ご飯は温かくないとおいしくない」。その矛盾を抱えたままだと、駅弁としては成立しませんし、人気のお弁当にはなり得ません。両者が揃ってこその商品であり、人気の秘訣なのです。

冷たくても圧倒的においしいシウマイ+冷たくても抜群においしいご飯のふたつが相まって、崎陽軒のシウマイ弁当をナンバーワンの地位に燦然と輝かせているのです。

なぜ崎陽軒のシウマイ弁当は、多くの人に愛されるのか？

もちろん、他にも崎陽軒シウマイ弁当の強みや売りものはあります。バリエーション豊かなおかずの数々もまた大きな要素です。中でも一番人気は「たけのこの煮物」らしいです。

ちなみに私も大好きです。コリコリした竹の子の食感と歯触り、何よりもしっかりと染みた出汁の味。これ、最高です。他のおかずも何種類もありますし、一つひとつのクオリティが実に高い。

加えて、ご存知かもしれませんが、ひょうたん形をした可愛くて小さな醤油入れ。この醤油入れには「ひょうちゃん」という名前が冠されています。ひょうたん型だからひょうちゃん。ストレートすぎます（笑）。

ひょうちゃんは1955年から崎陽軒のシウマイに封入されている陶器製醤油入れの愛称で、ひょうたん型の容器に何種類もの表情が描かれています。ひょうちゃんのファンも多く、コレクターもたくさんいるようです。確かに集めたくなる気持ちもわかります。1996年には、コルク栓からゴム製のふたに変わっています。

そしてなんと！　ひょうちゃんの顔はあの「フクちゃん」を書いた著名なマンガ家・横山

隆一さんの作でした。その後、イラストレーターの原田治さんに変わり、2003年には横山隆一さんの作品に戻っています。

また2008年の崎陽軒創業の100周年を記念して、サントリーウイスキーのアンクルトリスを描いた柳原良平さんの手による絵柄のひょうちゃんが登場したこともあったようです。

ただの醤油入れなのに、ひょうちゃんは人気者です（笑）。


こうした総合力が、崎陽軒のシウマイ弁当の強みであることは間違いありません。

ですが、総合力とは〝中心となる強み〟があってこそ、成立するもの。どれもバランスが取れてはいるけれども、中心になる「これ！」という軸がなければ成立しません。柱＝幹があってこそ枝があり、葉が生い茂るわけです。

崎陽軒で言えば「冷たくても圧倒的においしいシウマイ＋冷たくても抜群においしいご飯」こそが、まさにその幹であり、弁当の基軸だと思います。

そこに数々のおかずやひょうちゃんが彩りを添えて、多くの人に愛されているのでしょう。

「軸」がなければ、誰にもわかってもらえない

さて、しつこいくらいに（自覚しております）崎陽軒のシウマイについてお伝えしてきましたが、ここで重要な質問です。

あなたのビジネスに「柱＝幹となる軸」はありますか？

枝を広げさせ、葉を生い茂らせる〝シウマイとご飯〟はあるでしょうか？

「自分＝これ」とズバリ！　と言い切れてこそ、あなたのエッジが明確になり、他の人から見られたときに「あ！　あの会社ね！」や「あ！　あれの人ね？」となるのです。先述の林修先生と言えば、「いつやるの？　今でしょ！」の人として一発でわかるはず。

その見え方がないと、ぼんやりしてまったく魅力が伝わらないのです。林先生も〝ただの国語の先生〟になってしまいます。

総花的に、どれもこれも……と追い求めてはいませんか？　これは多くの人が陥りやすい部分です。

確かに、全方位も良い。広げるのも間違いではありません。

ですが、やはりそれだけでは弱いのです。

私が敬愛するコピーライターの仲畑貴志先生の著書に『みんなに好かれようとして、みん

なに嫌われる。（勝つ広告のぜんぶ）』というものがありますが（名著なので、ご一読をおすすめします）、まさにそのタイトル通りになってしまうのです。

崎陽軒は、この「軸がなければクッキリとは見えないよ！　わかってもらえないよ！」という、ビジネスにおいてとても重要なことを教えてくれます。

本章を読んで、崎陽軒のThink differentのエッセンスが理解できたと思います。

次章からは、Think differentな発想を持ち、新たな平野を切り開いていったいくつもの会社やお店、人物をご紹介していきます。

あなたのビジネスや仕事になぞらえて、「この発想、自分の仕事に取り入れられないか？」「どうすれば取り入れられるだろう？」と、前を向いて考えてもらいたいと思います。

ポイントは「カスタマイズ」であり、「アレンジ」です。これができたとき、あなたのビジネスや仕事は、何段も高い場所に到達しているでしょう。

崎陽軒に学ぶThink different劇場。いよいよ開幕です！

第2章

独自視点で
逆境に打ち勝った企業たち

「気づいたから形にする」のシンプル発想が世の中を変える

アイディアや発想のヒントは、実はそこら中に落ちています。

大事なのはそれに気づくか気づかないか。

「気づいてしまったら、形にしないと気が済まない！」——そんな人たちも世の中にはたくさんいます。そしてそういった人たちが、世界をアッと言わせる商品・サービスを生み出しているのです。

この章では、そうした「気づいちゃったんだから形にしようよ！」という至極シンプルな発想で、実は業界を大きくパラダイム・シフトさせたり、ある意味で世の中を変えてしまった企業をご紹介します。

そのエッセンスを学んで、ぜひ、あなたのビジネスにも取り入れてみてください。

清酒業界の伝統を打ち破ってV字回復！　旭酒造の「獺祭」

杜氏《とうじ》を置かない、ITを活用、通年で醸造するなど、〝良い意味で非常識な施策〟を連発し、日本酒業界の〝伝統〟や〝普通〟を打ち破り、革命を起こした会社があります。

それが今、最も知名度の高い日本酒銘柄のひとつ「獺祭《だっさい》」です。山口県岩国市に拠点を置く旭酒造が提供しています。

獺祭の「獺」は難しい字ですが、カワウソのことを指します。カワウソが自分の獲った魚を並べるところが「人が物を供えて先祖を祭るのに似ている」と考えられて、その名を冠したそうです。

また蔵元の所在地が「獺越」だったことから、地名の一文字を取って「獺祭」と命名した、とのエピソードもあります。

3代目である現社長の桜井博志さんが事業を継いだのは1984年のこと。売上げが伸び悩み、往時の3分の1程度しかない、まさに逆境の中での再船出でした。

そこで桜井さんが採った戦略はことごとく常識破りなものでした。というか、諸般の事情がそうせざるを得なくさせたのだと思います。

全国展開する大手酒造メーカーは別格として、一般的に、小規模な酒蔵は地域密着で成立しています。主な販路は地域の問屋さん。そこから酒販店や飲食店に卸して販売してもらうのです。

しかし過疎が進む地域で、地元中心で動いていては何もできません。そこで桜井さんは地元以外での販売を考え始めます。

また、酒米をはじめとする材料や資材の調達も、本来は地元の事業者を優先します。日本酒は米と水からできるので、地元産にこだわることは理に適っているためです。しかし販路を外に求めつつあったために、地域経済との結びつきが弱まっていました。桜井さんは酒米を安定調達するために、調達も地元以外に目を向けることにしました。

さらに、桜井さんは経営の安定化のために地ビール事業にも乗り出します。しかし、これが大失敗。負債を抱えただけでなく、頼りにしていた杜氏が沈む船から逃げ出すように、旭酒造を辞めてしまう状況になってしまいました。まさに大ピンチ。日本酒造りに杜氏は欠かせず、ましてや腕の良い杜氏ともなれば、おいそれと見つかるわけもありません。

逆境に次ぐ逆境。普通なら「もう無理！」と白旗をあげたくなるような状況です。でも、桜井さんはあきらめませんでした。Think different な発想に辿り着いたのです。

それはどんな発想だったか？

●桜井氏が見つけたThink《シンク》 different《ディファレント》

「杜氏がいないのならば、人が集まらないのならば、杜氏なしで酒造りをするしかないじゃないか！」

当時の旭酒造には、ないものねだりをしてグズグズと時間とお金を浪費する余裕はありませんでした。前を向いて、何が何でも酒を造る！　そこに目を向けるしかなかったのです。

これが発想の原点。業界常識の対極です。Think different の極みです。

その思考の結果、杜氏を頂点とする従来の酒造りをやめてしまったのです。

普通なら「あそこの社長は頭がおかしくなった」と言われても仕方ない状況です。ですが、桜井さんは踏み切りました。

今も旭酒造には杜氏がいません。その代わりに、ＩＴを活用した新しい酒造りを行っています。味づくりにおいて、最も重視するのは顧客の声。杜氏の経験や勘に頼っていた酒造りとはまったく違う手法だと言えます。

また、通年で醸造しているのも極めて珍しい事例です。日本酒業界の常識（というか、ある意味で誰もそれを疑わない不思議な習慣というか因習というか）のひとつに「寒い時期しか酒造りをしない」と言うものがあります。

他の業種を知っている立場からすると実に不思議で、ちょっと考えられないことです。旭酒造はそこに真っ向挑みました。常識に従っている余裕などなかったのです。

酒は通常、新米を使って冬から仕込みを開始し、春先から順次出荷しますが、ＩＴで生産環境を管理することで、通年で仕込める体制が築けました。従来よりも経営の安定化が図られて行ったことが想像できます。

現在では米の吸水量を頻繁な計量により管理し、醸造時には日々の発酵状態のデータを社員が分析しながら醸造管理を行っており、データ管理はあえてパートの女性に任せているといいます。

また酒蔵に空調設備を完備し温度・湿度を調整できるようにした結果、冬期に限らず一年を通して酒造り（四季醸造）が可能になり、生産能力が2倍以上になりました。

他にも、酒米の王様と呼ばれる山田錦を最大１６８時間かけて精米し、日本最高水準の精米歩合23％の純米大吟醸を作ったり、もろみから圧搾せず遠心分離器にかけて無加圧状態で酒を分離した日本酒など、他の清酒会社では見られない製法による酒を製造しています（もちろん通常の圧搾による抽出の酒も造っています）。

さらに、シャンパン以上に発泡性が高い発酵途上の濁り酒（発泡日本酒）や、燗酒に適した醸造を施した純米大吟醸（吟醸酒は冷酒で飲まれるのが一般的）などの変わり種も製造しています。

これも「まずは売れる商品を揃えよう！」という発想で立ち向かった結果と言えるでしょう。

次は、「そぎ落とす＝ムダを省く」チャレンジです。いわゆる普通酒の製造をやめました。「酔うため　売るための酒でなく　味わう酒を求めて」を掲げ、自信を持って送り出せる吟醸酒の製造にこだわったのです。

この「捨てる」という発想。執着を消し、客観的に見て、ムダ・不要なものを、勇気を持って捨てる！　ここが重要なのです。

販売方法（流通）も他の日本酒とやや異なっており、酒問屋（酒販卸）を通さずに、「販売時の品質管理を適正に行うことができる」と認定した正規取扱店約６３０店舗に直接卸す方法を採用しています。

しかし、人気に比して流通量が潤沢でなかったこともあり、正規取引店でない酒販店や百貨店、スーパーなどが希望小売価格の数倍の値段で販売する事態にもなりました。そうした販売店に対して法的手段を執ることが困難である（販売店が希望小売価格と異なる価格設定を行うことは法的に問題ないため）ことから、２０１７年12月10日付の読売新聞朝刊に「お願いです。高く買わないでください」と適正価格での購入を訴え、正規取扱店全店の一覧を掲載した全面広告を出す事態になったりもしました。

これも獺祭の戦いのひとつであり、旭酒造の心意気を示すエピソードとしてインパクトを残しました。

他にも細かな違いをあげればきりがないのですが、逆境の最中にあって桜井さんは決してあきらめることなく、日本酒造りの常識を一つひとつ見つめ直し、自社に合った方法はないかと知恵を絞って、挑戦を続けてきました。

さて、あなたがもしも桜井さんと同じ立場だったらどうですか？ずっとこうやってきたから、他もこうやっているから……そんな理由で大事な局面を避けて通ったりしてはいませんか？

何となくもったいないから捨てずに抱え、それが諸々を圧迫したり悪影響を与えたりすることにつながっていたりはしませんか？

獺祭は勇気を持ってその鎖を断ち切りました。そして、軽やかに歩を進めています。その姿勢からは、見習うべきものが必ずあると私は思います。

「ムダかも？」を売上げアップに変換！コンビニの「小さいバスケット」

次の事例はもっと身近に、老若男女問わずおなじみのコンビニエンスストアのケースです。ちなみに筆者はコンビニの超ヘビーユーザです。多いときは1日に5～6回、行ってしまう日もあります。購入する商品の主なものは大体決まっていて、飲料、レトルト、冷凍食品、ファストフードが多いでしょうか。「最初からこれを買おう！」と目的を持っていく場合が多く、その過程で店内をうろうろして、気にいるものを探す場合もあるわけです。

そんなときに重宝するのが、店の中に置いてある買い物カゴ＝バスケットです。そして最近、そのバスケットに異変が起こっているのです。

その異変とは何か？　それは、バスケットのサイズです。

もちろん従来通りの、スーパーに置かれているサイズのバスケットもあります、と言うか、そちらがメインではあるのですが、それとは別に、ひと回りかふた回りほど小さい、一見すると子ども用と思える（見た目もおもちゃっぽいです）小さなバスケットがあるのです。

ですが、どうも子ども用とは思えない。何だろう？　と疑問は募ります。

考えてみた結果、自分なりの答えを見つけることができました。それは、客単価にまつわる理由です。

そもそも、スーパーマーケットの客単価が2000円前後なのに対し、コンビニの客単価は600~700円前後と低いです。つまり、買う商品点数が絶対的に少ないわけですね。

そんなコンビニへ行くお客さんが、スーパーで使うサイズのバスケットを手にしたらどう思うでしょうか?

コンビニでもスーパーのようにたくさん買ってもらえる?

いえいえ、違います。むしろ真逆なのです。

「これだと思わず買い過ぎちゃうかも?」――これが答えです。

コンビニには魅力的な商品が多いです。しかもスーパーのように割引がなく、定価なのがほとんどです。そこに大きなバスケットを持っていると「あれも、これも」と歯止めをかけずにどんどん買ってしまいそうになるのです。でも、危険信号が鳴る。「おいおい! 買い過ぎちゃってるよ!」と。危険信号が鳴ったお客さんは、本当は買うつもりで来た買い物まで全部放棄して、帰ってしまうかもしれません。

●コンビニ業界が見つけたThink different

コンビニ業界は、これを恐れたのだと思います。だから小さいサイズのカゴを用意した。小さなサイズのバスケットだと、買いすぎてしまう心配がなくなります。一定以上は入らないわけですから、お客さんは安心していつも通りの買い物ができます。

この小型のバスケットを用意することは、コストに換算したらかなりの投資ではあります。仮に2万店の店舗数があるチェーンがあるとして、1店あたりストックが20個。1個100円でバスケットが手に入るとしても、

2万店×20個×100円＝4000万円

です。仮に店内3カ所に10個ずつのバスケットを置くとすれば、1店あたり30個で、総額は6000万円にもなります。これ、売上げではなく「利益額」で換算したら、すさまじい数字ですよね。

つまり、4000万円とか6000万円の投資をしても見合うだけの価値が、この小さなコンビニのバスケットにはあったということなのです。

普通なら、ごく一般的なスーパーのバスケットを積んでおしまいです。それでも大きな支

障はないし、そこで満足して終わり！　もしかしたら多めに買い物をしてもらえるかもしれない、というのが一般レベルです。お客さんからもとりたてて文句が出るような事態にはならないでしょう。

ですが、コンビニはそこを考えた。まさに、Think different です。

「普通はこうするよね？」「これで問題ないよね？」というところを、「それで本当に良いのか？」と考える。「他にもっと良いやり方はないのか？」と自問する。

そこが大事なのです。そこから色々な価値が生まれてきます。

さらに、小さなバスケットの効能はもうひとつあります。それはレジの傍で起こります。レジ待ち時間に、ふと周辺に目をやってみてください。ガムやチョコが置かれたエンドがあるのに気がつくと思います。もしくは、レジ上のコルトン＝表示ボードに目が行ったりもするでしょう。レジでお金を払う直前、思わず手に取ってしまった経験は誰にもあるのではないでしょうか。

これを業界用語で「ラスト・ワンインチ（ＬＯＩ）」と呼ぶそうです。色々な意味で、ＬＯＩの強化はコンビニにとっての重要なポイントになります。

・買い忘れを思い出させる

・組合せ（オプション）を気づかせる
・「買いだめをしとこう」と思わせる
・「ついでに買っておこう」と思わせる

もしもこのときにバスケットがなく、両手にいっぱいに商品を抱えていたらどうでしょう？

例えば、ランチタイム。お弁当とプラスワンのサンドイッチやおにぎり。ひょっとしたらサラダとかドリンクも買ってしまうかもしれません。両手が塞がっている状態で財布を出さなければいけない……これは面倒です。

そこでバスケットを使っていると、持ち運びが楽なだけでなく、レジ傍に陳列してあるちょっとした提案商品（１００円前後の袋入りお菓子や大福餅やスイーツ系）を衝動的にカゴに入れてしまったりするのです。

そもそもコンビニは客単価が低いですから、この50円とか１００円のプラスαが非常に大きいわけです。

これもバスケットの効能です。この効果が発揮されると、先ほど触れたバスケットにかかる費用なんて、あっという間に回収してしまえます。

こうした、一見「ムダかも？」と思える工夫が〝ちりも積もれば〟で積み重なって、年間でものすごい売上げを生み出すとすれば、この投資はまったく高くなんかないわけです。「ムダ」と「思わぬ利益」は紙一重。もちろん、やってみないとわからない面もあるでしょう。しかし、そこにチャレンジするかどうかもあなた次第です。あなたの意思と直観が、大きな奇跡を生み出すかもしれないのです。

もちろん暴挙はダメです。根拠のまったくない行動はマイナスしか生みません。ですが、やって見る価値のある冒険はたくさんあります。

バスケットの件で言うなら、最初にテスト導入で何店舗かに実験をする手もありますよね？　その上で確信を得てから本格的に推進する！　それで良いのです。

このような「前に進もうとする工夫」が、コンビニがスーパーを抜いて小売業界の王座に君臨する大きな要因のひとつだと私は思うのです。

街の写真館からチャイルドビジネスの雄へ！「スタジオアリス」

写真は20世紀から21世紀に入ってから、極めてドラスティックに変化した市場のひとつです。

20世紀はカメラ発展の世紀でした。モノクロ写真からカラー写真への切り替え、家庭用カメラの普及、コンパクトカメラやフィルムつきカメラの発明など、それまでプロのものだったカメラを、私たち一般市民がより身近に感じられるようになりました。カメラ量販店や現像専門のＤＰＥショップなども増えて、誰もが気軽に写真を楽しむようになりました。

さらに20世紀末には携帯電話にカメラ機能がセットされるようになり、21世紀に入ると、標準装備になって、いつでもどこでも撮影し、しかもインターネット上で共有することができるようになりました。

撮影することそのものが当たり前の感覚になり、何かの記録や思い出のために撮影するのではなく、ちょっとした記録のため、ビジネスのため、情報をより正確に伝えるため、自分の日常を記録して残しておくため、周囲にアピールするため……など、共有する写真を撮るために行動を起こすという具合に、主客が逆転してしまいました。特に21世紀に入ってから興隆してきたＳＮＳが、その傾向に拍車をかけたと言えるでしょう。

しかし、こうしたカメラを取り巻く時代の流れのなかで、かつて増えていった写真館やＤＰＥショップは斜陽産業化し、どんどん潰れていきました。

写真館チェーンの「スタジオアリス」も、今でこそ写真スタジオのトップブランドとして知られていますが、かつてはＤＰＥショップを展開していました。

スタジオアリスはその厳しい時代の移り変わりをどうやってくぐり抜け、生き残れたのでしょうか。

●スタジオアリスが見つけた Think different

運命を決したのはバブル景気が弾けたばかりの1992年。アリスは「0歳から7歳までの子どもの写真撮影に特化した新業態」をスタートさせました。

需要はあるけれどもビジネスとしては最も困難な道です。しかし、アリスはそれを選んだのです。まさに、Think different です。他とは違う生き方を選んだのです。

従来の写真館と違って、子ども向けの業態はただ写真を撮るだけでは成立しません。子ども用の貸衣装をバリエーション豊かに用意し、お宮参りや七五三にふさわしい装いで撮れるようにしたのです。つまり、〝子ども向け晴れの日ビジネス〟です。

これが浸透すれば必ず親が反応します。グランド・ペアレレンツ市場と言われる、おじいちゃんおばあちゃんが孫をかわいがり、お金を使う！　という巨大マーケットを動かすこともできます。そしてそのためには、衣装以外にも子どもがにこやかにいられるように空間づくりを工夫したり、撮影する際に子どもの気持ちを惹きつける工夫をしたり、子どもに特化するからこそのサービスを可能にしないといけません。

このころ、すでに少子化は指摘されていましたが、将来的な人口減少よりも少子化によって子ども一人あたりへの出費が増える、というポジティブな面が注目されていました。先ほども指摘した通り、実際、スタジオアリスには親子三世代で撮影に来るお客さんが多いようです。

それゆえ、家族三世代が満足できるような、子どもたちの愛らしい表情をとらえることを何よりも大切にしています。

これもまたThink different。眼のつけどころがお客さんに向いているのです。高度な写真撮影技術に加えて、いえ、それ以上に子どもを楽しませることが肝心です。恐らく、特別な訓練とか特別な人材の募集方法を採っているのではないのか？　と私は睨んでいます。

子どもが落ち着ける空間づくりや効率的なオペレーション、満足度重視のマニュアル運用などもそうですし、スタジオアリスでは、デジタルカメラの特性を活かして、撮影した写真の中からプリントする写真を家族に選んでもらうサービスを行っています。

出店場所も、家族が揃って集まり、気軽に利用できるようショッピングモールへ積極的に出店。今までの街の写真館とは真逆の戦略と言えるでしょう。

スタジオアリスのホームページには、

スタジオアリスは、お子さまの輝く笑顔の一瞬を美しく写真に残すことを使命とし、撮影を通して、お子さまとご家族の笑顔あふれる幸せな時間を創り出すこと、また、お子さまが成長されたとき、幼いころの写真を見ながら話が弾む、温かな時を過ごしていくことを願いとしています。

と書かれています。

また、スタジオアリスの圧倒的な強みとして、その撮影メニューの豊富さがあります。

マタニティフォト
お宮参り（ニューボーンフォト）
百日祝い（お食い初め）
桃の節句・端午の節句
ハーフバースデー
バースデーフォト
七五三
Happy Birthday 七五三

ご入園・ご入学／ご卒園・ご卒業
1／2成人式
十三祝い／十三参り
成人式
ブライダル（※ブライダルスタジオアリスHALULUのみ）
家族写真・長寿祝い
エリア限定お宮参り出張撮影

これだけのメニューを用意することで、お客さんもどこかに当てはまってしまう。だから撮ってもらいたくなる。そんなメカニズムです。

さらに言いましょう。子どもが大好きなキャラクターとのタイアップにも積極的です。

キャラクター撮影
ディズニー・マーベルキャラクター撮影
ディックブルーナの世界

など、子どもだったら飛びつきそうなメニューも用意し、心を掴んで離しません。「子どもの心を捕まえる＝親の心を掴む」という戦略ができ上がっているのです。

カメラや写真の市場が大きく変わっていく激動の時代に、徹底的にターゲットを絞り込んで成長――それがスタジオアリスなのです。

第3章

「お客さんのために！」をこだわり抜いた店たち

「お客様は神様です」より「お客さんの求めるもの」に応えよう

もっとこうなったらいいのに——商品やサービスに対してそう感じたことはありませんか?

そんなユーザーの率直な意見は、意外と真髄をついているもの。お客さんの声を受けて商品を改良したら大ヒットしたケースもあれば、今までにないアイディア商品が生まれたケースもあります。

お客さんの声を取り入れることは、顧客視点の商品開発とは少し趣が違います。

後者は「今のマーケットはこうだろう」「当社の顧客ならこうだろう」といった自社側の推測や類推の上に成り立つものです。また、往々にしてマーケットをマクロでとらえがちなところもあります。

対して、前者はほとんどの場合、お客さんの顔が見えているのです。「こういうお客さんが、こういうニーズを抱えているから、それに応えよう」というスタンス。似て非なるものなのです。

クレーム対応を重ね、「お客様は神様です」を拡大解釈し、ビジネスが頓挫する人は多い。そうならないために、顔の見えるお客さんの声を素直に受け止めることから、始めてみるのが良いのではないでしょうか？

「博多ラーメン」の基礎を作った！ 長浜の屋台ラーメン

あなたは、ラーメンが好きですか？

私は〝極端に〟好きです。だって食いしん坊マーケターですから。以前は、そこそこ名の売れたラーメンブログを書いていましたし、朝・昼・夜・夜中とラーメンだった時期もあります（笑）。

それはさておき。

福岡県に博多という街があります。その博多の海沿いに「長浜」という地域があります。

私はそこの屋台ラーメンが大好き。仕事でもプライベートでも、福岡に行ったら必ずと言っていいほど寄ります。

そもそも長浜という地域は、漁港に面する土地でした。そして、そこで生まれたのが長浜ラーメン。１９５３年（昭和28年）開業の屋台「元祖長浜屋」が発祥と言われています。

当初は中州などの繁華街に進出しようと積極的に出店していきましたが、思ったほど人気が出ず、大浜という地区にあった魚市場の近くに店を出してみたところ、肉体を酷使し、汗を流す魚市場の従業員たちから、「スタミナがつく」「汗で失った塩気が補充できる」と評判になったのです。

そして、１９５５年（昭和30年）の魚市場の長浜移転により、今で言うガテン系の人たちの需要を当て込んだ店が次々に集まってきて、長浜は「屋台の町」として多くの店がしのぎを削るようになっていきます。今でもそうですが、その様子は壮観です。

競りで忙しく、1分1秒が惜しい市場のスタッフに少しでも早くおいしいラーメンを提供できるようにと、極細麺が開発されました。

加えて、屋台は一般の店舗とは違って水をふんだんに使用できません。店が路上にあるわけですから、基本的に水道そのものが少ないのです。

このふたつの理由が相まって、茹で時間が短縮できる細麺が生まれ、提供時間の短縮に貢献していくことになりました。今や博多ラーメンと言えば、細麺が基本ですよね。

さらにもうひとつ。

細麺はのびやすいので、1杯あたりの麺の量を抑え、手軽にお替りができる替え玉も生まれました。食べる側＝お客さんも自分の状態（体調、お腹の空き具合、時間のある・なし）によって調整ができ、極めて便利です。

すべては、「手早く、おいしいラーメンを提供したい」「しかも水の負担を減らし効率よく！」という発想がベースです。ここから、いわゆる長浜ラーメン、博多ラーメンなど様々な形での展開が始まっていくわけですね。

●長浜ラーメンが踏み切った Think《シンク》 different《ディファレント》

長浜の屋台が生まれるまでは、ラーメンの麺は中太麺か太麺が主流でした。「スープに絡みやすい」という理由で、特に中太のちぢれ麺が主流になっていたのです。

しかし、それだとどうしても茹で時間が長くなるデメリットがあります。魚市場という特殊な場所で働く忙しい人たちに対しては、それではニーズに応えることができません。

そこでコペルニクス的 Think different です。

「麺を細くすれば良いじゃないか！」

茹で時間が短縮できるし、替え玉という技を使えば短時間でおかわりを出すこともできます。食べる量によって何度でもおかわりができる、という文化にすら発展していきました。

これはすごいです。「麺を細くする」というたったひとつの発想が、新たなラーメン文化を創ってしまったわけですから。

これこそがまさにThink different。

逆転の発想です。

中太麺・太麺だと、こうは行きません。おかわりをしたい人に「麺を茹でるのに7分かかります！」などと言おうものなら、帰られてしまいます。

中太麺や太麺という常識を断ち切って、「麺を細くしよう！」と決めた。ここがThink differentなわけです。

今までの常識＝呪いに縛られず、小手先・表面だけをいじるのではなく、抜本的な変革をする。そうすることで一気に可能性の翼は広がり、時短とともに、おかわりの注文も増えるという一挙両得が実現するんですね。


あなたはどうでしょうか？

口では「改善」「改革」と言いながらも、小手先だけをいじって終わったり、上辺を変えるだけ、なんてことはありませんか？

それでは本当の変化は生まれません、過去からの呪縛を逃れ、根っ子を変えることでしか本当の変化は生まれないのです。ここは大事なところです。

お客さんの声で生まれた! とんかつ鈴新の「かつ丼三兄弟」

東京・四ツ谷、車力門通りという商店街に、「とんかつ鈴新」という豚かつの名店があります。この店にはなんと、かつ丼三兄弟(煮かつ丼・かけかつ丼・おろしそうすかつ丼)と呼ばれる3種のかつ丼があり、中でも一番人気なのが……と言うか Think different なのが、「かけかつ丼」です。

かけかつ丼。ちょっと聞いたことのない言葉ですよね。

このかけかつ丼がどんなものかと言うと、かつ丼のご飯の上に揚げたての豚かつを乗せ、さらにその上に卵とじを乗せるという、かなり珍しいもの。一般的に〝煮かつ〟と呼ばれる、豚かつを出汁に沈め、卵でとじて一緒に煮てからご飯の上に乗せる、という手法とはまるで異なります。

私も何度もいただいていますが、豚かつのサクサクがそのまま残り、そこにとじたてふわふわの卵を絡ませながら食べる。要するにこれ、めちゃくちゃおいしいのです(笑)。

そこで、どうしてこんな珍しくもおいしいかつ丼が誕生したのか、調べてみました。

●とんかつ鈴新がごまかさなかった Think different

そもそもは、一人のお客さんが「かつのサクサクがそのまま味わえるかつ丼が食べたい！」と言ったことに、端を発します。先代の店主は、そのお客さんの願いにとことんまで応えようとしたのです。放っておくことができなかったのでしょう。

「こんな感じか？」とチャレンジしては、そのお客さんに出す。

お客さんも真剣に一生懸命食べ、味わい、意見を言う。

そして、またチャレンジ。

何度となく修正を重ね、やっと「これだ！」と双方が納得するものができ上がりました。

これが今のかけかつ丼の原点です。

本当ならたったひとりのお客さんのちょっとした意見など無視しても良いのです。「うちは無理ですね」と言えば済みますし、多くの飲食店はそうするでしょう。

しかし、とんかつ鈴新の店主はそうしなかった。徹底的に Think different であろうとし、ごまかさず逃げなかった。そこがすごいのです。私も色々な飲食店さんに伺います。そして、

「このくらいなら要望しても良いだろう」という軽い〝わがまま〟を伝えます。しかし、多くの場合は無視かスルーです。

中には「やってみましょうか!」と対応してくれる店もあります。そんな店には一瞬で惚れます、通います、知り合いを連れて行きます!

融通が利く、自由度が高いというのは、実はそれだけで大きな武器なのです。なぜなら、そんな店のほうが圧倒的に少数派だからです。少ないからこそ、目立つ!

とんかつ鈴新はその先駆けのような店だと思います。

それに、わがままを言った以上は、要望を出した以上はとことんつき合おうと通い続けたお客さんもまたすごいです。

自分がちょっと言ってみたことが、ある意味でここまでの大事になったわけですから、引くに引けませんよね。お客さんの粘りというか、責任感というか、もまたすごい。

「本気の人同士がぶつかり合うと新たな価値が生まれる」の典型です。

そう。鈴新はまっすぐにお客さんとぶつかり、向き合う店なのです。だからこその老舗、だからこその名店なのでしょう。

その表れのひとつとして、私が感心したあることがあります。それはご飯の量の選び方です。

とんかつ鈴新の店内には、目につく場所に、ご飯の量の表が貼られています。量は5段階で「5．通常の量、4．ちょっと少なめ、3．半分、2．かなり少なめ、1．ほーんの少々」となっています。

食べられる量は、その日の体調とか気分によって異なります。私も前日の酒の残り具合によっては、「さすがに今日は3にしておこうかな」という日もあります。

人によっては糖質制限をしていてもかつ丼を食べたかったり、そもそも小食な人もいるでしょう。そんなときに、この張り紙を見ると実にホッとすると思うのです。きっと感謝の念が湧いてくるでしょう。

こうした細やかな気配りこそが、この店の基本思想だと思うのです。

さて、他にもこの店の〝お客さん思い〟を痛感させられるイベントがあります。

とんかつ鈴新では、毎月12日を「とうか＋つ」で「とんかつの日」として、ランチメニューを100円割引くサービスをやっています。もちろん、この日はいつも以上のビジネスパーソンたちが行列を作ります。もはや近所では名物のひとつであり、風物詩です。

店主の鈴木さんは笑顔でこう言います。

「少しでも地元荒木町のPRになれば」。

立地する場所があってこその商売。

「立地」とは地に立つと書きます。

地元とは、「地域を元気に!」と書きます。

つまり、その地域でしっかりと根を生やし、地域に貢献することがビジネスの根幹なのです。

一人ひとりのお客さんと正面から向き合い、とことん答えようとする一対一の精神。地域に根を張り、多くの人を満足させようとする一対多の精神。

このふたつの軸があってこそ、名店は生まれますし、存在し続けるのだと思います。私が訪れる店でも、いつの間にか、知らず知らずのうちに、このふたつの軸のどちらかを忘れ、おかしな店になってしまったケースがたくさんあります。

企業でも店でも個人でも、結局は、お客さんを喜ばせることができたほうが高い評価を受ける。要するに「喜ばせ合戦」の中に、あらゆるビジネスをしている私たちはいるのです。

とんかつ鈴新は、その「お客さんに喜んでもらう努力をすること」の大切さを教えてくれます。

2万人の署名で理不尽に打ち克った！　新宿「ＢＥＲＧ」

さて本章の最後に、Think different の極みのような店をもうひとつ紹介します。私が好きで好きでたまらず、年に２００日くらい通う店、１日に何度も顔を出すこともあるので、多い年では年間のべ６００回くらいは顔を出している店です。

それが、新宿ルミネエストの中にある小さなカフェ「ＢＥＲＧ（ベルク）」です。たった15坪の店に、毎日１５００人から多いときには２０００人が来店し、食べ、飲み、ひと時を過ごす、ちょっと信じられないレベルの店です。

ベルクは店長の井野朋也さんと、井野さんを支える副店長であり奥様でもある迫川尚子さんとの2トップ経営です。迫川さんは天才的な味覚の持ち主であり、プロのカメラマンでもあります。実際に、ベルクの素晴らしい料理やドリンクのクオリティと安全性は、この迫川さんのジャッジによるものが多いのです。

そのベルクを一躍有名にしたのが、新宿駅ビルとの間に生じた立ち退き騒動です。新宿駅ビルで、それまでのマイシティからＪＲの子会社であるルミネエストにオーナーが変わった際、立ち退き問題が勃発しました。

かいつまんで言うと、経営が変わった時点で、実に理不尽な契約を持ち出して立ち退きを迫る駅ビル側と、それに納得しない（明らかに駅ビル側がおかしいので納得できなくて当たり前なのですが）テナントとの間に起こったトラブルです。

ＪＲのやり方に、その時点でいくつものテナントが立ち退きに追い込まれ、苦渋を飲むことになりました。しかしベルクは立ち退こうとはしませんでした。実はベルクには隠れたすごい味方がいた、というお話をしましょう。

立ち退き騒動が起こった当初、ベルクとしては極力、立ち退きのことを表には出さないでおこうというスタンスを取っていました。

立ち退きのトラブルの渦中にあるということ、それ自体がお客さんや仕入れ先に知られてしまうと、良い評判にはつながりません。特に仕入れ先にとっては信用不安にもつながるレベルの話。公開しないのが普通なのは、おわかりかと思います。

ですがベルクは、ルミネサイドのあまりにも度を越したやり方に、さすがに我慢の限界を超え、辛抱の壁も決壊し、公にすることにしました。

「お客さんへ内緒にしたままでは絶対に戦えない」――そう考えたのです。

そして、ベルクが立ち退きを迫られていることや現在の置かれている状況を、淡々とした内容で壁新聞として店内に掲示しました。井野さんにとっても迫川さんにとっても、まさに苦渋。身を削る決断だったと思います。

するとあり得ないこと、まさに奇跡が起こりました。

「我らがベルクを失くしてはいけない！」

ベルクが提供する味、空間、くつろぎに惚れた常連客が、自発的に営業継続の嘆願署名を集め始めたのです。

もちろんこれは、ベルクの側からお願いしたことではありません。あくまでもお客さんの自発的な意思で生まれた、ある種の運動でした。ベルクを応援する「ＬＯＶＥベルク」というサイトも生まれ、応援の輪は広がっていきました。

そして、あれよあれよという間に、署名は２万人を超えました。

ベルクは駅ビルの中に位置するお店です。

新宿駅東口改札から、ほんのわずかな場所、地下鉄や西武線への乗り換え通路にも面していて、ベルクのお客さんのほとんどは駅ビルの利用者でした。つまり、ＪＲの利用者でもあったわけです。

ということは、ＪＲにとって、このままベルクを立ち退かせようとすれば、２万人のＪＲ

線利用者を敵に回すということになってしまいます。駅ビル側にとっても、これは脅威だったことでしょう。

細かな経緯は省きますが、結果として駅ビル側はベルクの営業継続を認め、ベルクは２０１８年末の現在も、お客さんたちを楽しませ続けていますし、私も日々、その恩恵に浴しています。

（※この立ち退き問題は国会でも取り上げられ、世を騒がせたのでご存知の方も多いかと思います。詳細については店長・井野朋也さんの書籍『新宿駅最後の小さなお店ベルク』（ちくま文庫）にありますので読んでいただくか、インターネットで「ベルク　ルミネ」で検索してみてください。山のように情報が出てきます）

●新宿ベルクに味方したThink different

また、この署名運動の中で最も感動し、ベルクの凄味だと感じたのが、仕入先＝職人と呼ばれている、コーヒー、パン、ソーセージ・ハムなどのミート類を提供してくれる方々の対応です。彼らは「ベルクの生命線」とも言える存在です。

先ほどもお伝えした通り、普通なら立ち退き問題が勃発すれば、仕入先は去って行きます。

さっさと新しい納品先を見つけ、売上げを立てなければいけないのですから、当然と言えます。

ベルクの場合、仕入先から供給される商品こそが、まさにベルクの柱であり、命綱。これは言い換えると、仕入れ先にとってもベルクへの経営依存度は高いということでした。まさに共依存の関係。立ち退きという非常事態に、ベルクに頼り続けていては、共倒れにもなりかねない状況でした。

ですが、ベルクの仕入先たちは逃げませんでした。最後の最後までベルクを信じました。そして、一緒に勝利を勝ち取りました。

これもベルクが井野さん、迫川さんを中心に、仕入先と良好でしっかりしたつき合いを続け、真の信頼関係を築いていたからこそです。

そう。ここもポイントです。

本質を忘れず、見失わず、目の前のお客さんや仕入れ先を大切にする。自分たちの都合よりも、相手の都合を優先する。まさに、「カスタマー・ファースト」です。

長年、それをやり続けていたからこそ、かつてない窮地に陥ったベルクはその大きな大きな波乱を乗り越え、営業継続できたのだと思うのです。

他ができないこと、避けて逃げることをあえてやったからこそ、味方が生まれ、応援団にまで拡がったのです。

店長の井野さんも「お客さんがいなかったら今のベルクは絶対になかった！　勇気を持って状況を公開したからこそ、お客さんが味方についてくれた。お客さんが知っているからこそ、ある意味、お客さんが目を光らせているからこそ、駅ビル側も強引なことはできなかったのだろう！」と述懐します。

この発想、まさにThink differentです。

ベルクとお客さん、ベルクと仕入先たち。通り一遍の、浅い関係だったとしたら、今あの場所にベルクはないのです。

今、井野さん・迫川さんに当時のことを尋ねても、淡々と「いつも通り営業していただけですよ」と話します。ですが実際には、毎日胃に穴が開くような思いをしていたのだということは、常連の一人である私にとって想像に難くありません。

立ち退き事件以外にも、ベルクにはいくつもの、大小様々な波乱万丈がありました。

ですがそれを乗り越え、まさに死活問題とも言える危機を乗り越えてきたからこそ、お客さんも応援するのだし、そうした事件が、逆にまたお客さんとベルクをつなぐ、より強固な磁石の役割を果たしているのだと思います。

危機は乗り越えてこその危機。そして、その乗り越え方にこそ、熱狂的なファンが生まれる理由があると思います。

これからだって、ベルクに危機はやって来るでしょう。

しかし、私はそれほど心配していません。過去に危機を乗り越えたベルクには、これからも応援団が力を貸してくれると思からです。

ベルクの物語は「お客さんと、それを支えてくれる人たちと、真っすぐにつき合っていれば、必ず味方になってくれる」ということを教えてくれます。

紆余曲折は人を強くします。そして、魅力の厚みを増してくれます。

第4章

普通じゃない！
だから心に響いた仕掛けたち

世の中の〝普通じゃない〟にこそヒントが隠されている

普通に考えればこうする——その思考の縛りに、あえて反旗を翻し、成功した人たちがいます。彼らは単純に反対を唱えていたわけではありません。反対の中から新しいものを生み出したのです。

世の中の課題には、正解も不正解も、成功も失敗も無数に存在します。わずか1ミリのズレが決定的な勝因にもなるし、わずか1滴の雫が山を崩壊させてしまうこともあります。

この章では、〝普通じゃないところ〟に共感したお客を招くことに成功したビジネス事例を紹介しましょう。

お客のリクエストをあえて無視！「MOCO'S キッチン」

『3分クッキング』『今日の料理』など、人気の料理番組はたくさんあります。

しかし、そのような〝いわゆる料理番組〟とは明らかに一線を画す演出で話題になっている番組があります。

皆さんご存知の「MOCO'Sキッチン」です。

売れっ子イケメン俳優で料理好きの速水もこみちさんがちょっと、いや、かなり変わった番組を作っています。

それがMOCO'Sキッチン。日本テレビ系列で放送されている朝の情報番組『ZIP!』内の料理コーナーで放映される番組で、一般的な料理番組とはメニューがまったく違います。聞いたこともない料理がほとんどですし、誰でも作れる料理でもないし、誰もが知るポピュラーな料理も出てきません。

普通の主婦なら「え？　何それ？」「それ、まさか作るの？」と目を丸くするような内容です。食材もどこででも手に入るものは使いませんし、調味料も同じです。材料や調味料の分量も正確には伝えない、フリップなどで手順の説明も無視。挙句の果てには、オリーブ油や粉チーズの使いすぎが話題になるほどで、もこみちさんは商品のCMキャラクターにまでなりました。

要はメチャクチャなのです（笑）。でも、そこがウケている。

何もかもが正反対なところ。これも、Think《シンク》 different《ディファレント》ですね。

●MOCO'S キッチンがウケた Think different

この番組、視聴者からのリクエストには応えません（笑）。
もこみちさんが視聴者からのリクエストを無視することもしばしば。
例えば、ネットを検索してみると、

- 弁当のおかずのリクエストに、まさかのパンプキンスープ
- 大人数でワイワイ食べられるもののリクエストに、一人鍋すき焼きうどん
- 余ったお餅で変わった料理のリクエストに、揚げた餅に砂糖醤油かけるだけ
- 「なるべく安くしたい！」のリクエストに、「でも、ちょっと贅沢をしたいので三種のチーズを使います」
- 「彼氏の野菜嫌いを克服させたい」のリクエストに、スープより野菜のほうが多いミネストローネ
- 「手軽に～」のリクエストに、なかなか手に入らない謎野菜など（エシャロット、ペコロス、ムール貝ほか）を使う

・「牡蠣嫌いな旦那でも食べれる〜」のリクエストに、たっぷりと牡蠣を使用した土手鍋

などとあります。

ある日の放送では「カレーが好きなんですがいつも同じカレーです。何か変わったカレーをお願いします」というリクエストに、こんなふうに答えました（ちなみに番組は「今日、作りたくなる簡単レシピを紹介する」というテーマでした）。

まずは魚のタラとスズキを大きめに切ります。バットに塩、こしょう、クミンシード、ターメリック、チリパウダーを適量。ここで、もこみちさんは「今日使うちょっと珍しい調味料」として「トゥナパハ」なる調味料を投入しました。

ほぼ、耳にすることがない調味料ですが、もこみちさんは「これは混合調味料となっております」という説明のみに留めました。視聴者のモヤモヤ感は最高潮です。このあと、スパイスをまぶした魚を焼き、フライパンで玉ねぎやなすなどの野菜を、スパイス、ハーブなど各種調味料とともに炒めていきます。

さらにシナモンスティックとココナッツミルクを加え、煮詰め、ガラスープと焼いた魚を加え10分程度煮るとカレーのでき上がり。味については、「ああ、これはもうウマいですね。香辛料をふんだんに使っているので、とても香り高いカレーになったと思います」としかコメントせず、「よかったらぜひ作ってみてください」とコーナーを締めくくりました。
視聴者完全無視でした。

そして、もうひとつ。彼の好みだと思うのですが、やたらとオリーブオイルを多用する傾向にあります。

炒め物を作るときに使う油はオリーブオイル、さらに調理途中でもかけ、仕上げにもダメ押しでオリーブオイルをドバッとかけます。〝追いオリーブオイル〟というやつです。

2012年1月19日放送分では、ドリアを作るのにオリーブオイルを4回使い（ボトルの約半分を使用）、2012年2月3日放送分では、大豆コロッケの揚げ油にも使用し、視聴者とスタジオを驚かせました。

そこに加えてパフォーマンスです。

もこみちさんは、イケメンな上に186センチの長身です。その彼が不必要に高い場所から塩、胡椒、うまみ調味料などの粉末を、勢いをつけて大量にザザーッと振りかけたり、食材を焼きに入れるときや盛りつけるときに一回転させます。

まさに普通じゃない番組の作り。だからこそ、観ているお客さんの心に残り、気持ちをかき乱し、結果、大きなインパクトをもたらすのです。

そして、「また見たい」と感じさせる。

これこそがMOCO'Sキッチンの醍醐味であり、面白さです。

もこみちさんのみでなく、番組づくりそのものがThink differentなのです。

どこにでもあるようなありきたりな番組を創るのはある意味、簡単かもしれません。ですが、それだけではいつまで経っても二番煎じであり、先発の番組には決して勝てません。追いつけはしても、追い抜けはしないのです。

その見極めに、MOCO'Sキッチンの成功はあると思います。

決してあなたに「こうなれ！」ということではありません。

「本当に今のままで良いのか？」「本当にお客さんはそれを望んでいるのか？」――そう自問自答する時間を持ってもらいたいのです。

これまでの大学の概念にメスを入れた！「近畿大学」

3万2000人を超える学生を有するマンモス校、近畿大学。

毎年の入学志願者数も日本全国で1、2を争っています。

マーケット全体で見れば、大学自体の置かれている状況は極めて厳しいものです。最近では、某マンモス大学の不祥事も話題になりました。

人口ピラミッドの推移で確認しても、少子化で18歳人口は減少の一途をたどり、今後、再浮上する可能性は皆無と言われています。それでも、これまでは「大学全入時代」と言われるほど進学希望者が増えたので、人口減少の影響を緩和することができていましたが、もはや限界に近い状態です。すでに私立大学の4割が定員割れを起こしていると言われています。

そんななかで、どうして近畿大学は絶好調なのでしょうか?

その理由は、徹底した選択と集中にあると思われます。

●近畿大学が突破した Think different

大学は「研究」と「教育」を両輪とします。研究の原資は学生たちが納める入学金などの他、寄付や補助金などによって成り立っていますが、有り余るほどの予算を集められる大学はなく、数多くの研究テーマに等しく予算を配分しても成果が得られるとは限りません。

そこで近畿大学はマグロ養殖に絞り込みました。

皆さんご存知の「近大マグロ」。まさに、Think different です。

最初は、「なぜ大学がマグロ？」と訝しむ声も多かったようです。

研究の詳細についてはここでは述べませんが、養殖に成功したマグロを「近大マグロ」として打ち出し、商品化を進めるとともに、東京新橋や大阪梅田にも近大マグロを食べられる飲食店をオープンさせました。

これらの施策により、近大マグロの知名度は一気に向上します。当然ながら、近大の名前も響き渡りますし、「なぜ大学がマグロ？」という訝しみも興味に変換して喚起しました。事実、多くのメディアに取り上げられましたので、あなたもご存じのはず。

マグロ自身がまさに広告であり、人気タレントの役割を果たしてくれたのです。「何はさておき、先ずは知ってもらう！」という面にフォーカスした作戦でした。

また、ミュージシャンのつんく♂が近畿大学の卒業生であることから、入学式や卒業式のプロデュースを依頼しました。そのド派手で、エンターテインメント性にあふれるイベントには取材も殺到し、テレビなどを通して、近畿大学の評判が伝えられました。

これまたThink differentな発想。

「入学式や卒業式は厳かに行うもの」という常識や先入観がありますよね？　近大はそこを突破します。「常識？　何それ？」みたいな感じで突き抜けてしまう。これはすごいことです。

もちろん内部からの反対もあったと思いますが、そこを切り抜けたのです。

入学志願者数の増加はこうした広報活動のたまものであるのですが、その裏で、志願者数が増加する工夫もしっかり行っています。

受験生は第一希望の大学以外にも、何校か併願するのが普通ですが、実は日程の都合で受けたくても受けられないケースもあるのです。また、併願するほどに受験料が負担になったり、学部ごとに志願書を提出するのが面倒だったり、色々な障壁が存在します。

近畿大学はそこで顧客目線に立ちました。

受験生にとって志願しやすく、併願しやすい入試制度を作ることで、志願者増を実現したのです。これによって志願者が増え始めると、あとは良い意味での雪だるま方式です。

「志願者が多いということは人気がある大学なのね」「面白そうな大学だなあ」――そんな印象を与えることができます。

受験生が良いイメージを持ってくれたら、その噂は広がります。知る人が増えます。すると受験生も増えるわけです。

このほかにも教務改革やアセット整備、資産運用など、学校法人としてなすべき基本的なことも抜かりなく実践しています。

近畿大学は大学が戦国時代から淘汰の時代に向かう中で、「魅力ある大学づくりとは何か」を突き詰め、突出した魅力づくりに成功した事例と言えます。この視点、大学以外にも応用することができそうです。

「学校は学校。一般の企業やビジネスとは違う！」そうおっしゃる向きもあるかもしれません。ですが、お客さんがいて、そこに売り物や商品を投入してこそのビジネスという意味では、近大の生き方はまさに、これからのモデルケースのひとつになると思えるのです。

飲食店の未来を示す！「未来食堂」

東京は神田神保町。「古書街」と呼ばれるこの街に、実に画期的でユニークな経営をしている、不思議な定食屋があります。店名を「未来食堂」と言い、小林せかいさんという女性が経営しています。

実はこの小林さん、テレビ東京系の『カンブリア宮殿』『ガイアの夜明け』などにも出演し、日経ウーマン・オブ・ザ・イヤー2017まで取っちゃった凄腕の経営者なのです。

というのも、この未来食堂。メニューは1日1種類だけ。店主一人、客席12席。決算書、事業書は惜しみなく公開しちゃう。ちょっとしたおかずのリクエストができる「あつらえ」なんていう仕組みがあったり、一度来た人なら誰でも店を手伝える「まかない」というシステムがあったり。

まさに、飲食店の「未来」であり、「本来あるべき普通の姿」が描かれているすごい店なのです。

未来食堂のホームページの書き出しは、こんな一節から始まります。

個人的には、これだけでシビれてしまいます。

初めまして。未来食堂です。

〝ちょっとした融通がきくお店〟、最近少ない気がしませんか。

たくさんのメニューから選ぶのではなくて、自分の気持ちにあった物を作ってほしい。

未来食堂はそんなあなたのための食堂です。

通常のメニューの他に、あなたの気分や食べたいものに合わせたおかずをご用意します。

マヨネーズがたまらなく好きだったり、目玉焼きは堅焼き派、ネギは青ネギ派だったり、刺し身に醤油は付けなかったり。ご飯は食べない人、いつも大盛りの人。

一人一人が思っている〝ふつう〟は、みんなそれぞれ違います。

あなたにとっての〝ふつう〟、教えてください。

未来食堂はあなたの〝ふつう〟をあつらえます。

ほら、シビれましたよね？（笑）
未来食堂の〝特別さ〟を表す4つのキーワードが、「あつらえ」「ただめし」「まかない」「さしいれ」です。
どれも素晴らしい着想で、初めて目にしたときは驚きました。
ひとつずつ、具体的に紐解いてみましょう。

【あつらえ】

未来食堂は、定食でお出しする小鉢をあつらえることができる店です。

壁に記載している材料から選んだり、「温かいものが食べたい」「ちょっと喉が痛い」「今日は良いことがあった」など、気分や体調に合わせたあつらえも可能なのです。

これこそ、まさにありそうでなかった仕組み！　嬉しすぎてクルクル回っちゃいます（あつらえ一点につき400円。食材はふたつまで選べるそうです）。

【ただめし】

未来食堂の入り口の壁には「ただめし券」が貼られています。このただめし券は誰でも使え、困ったときは使っていいのです。

未来食堂には、50分のお手伝いで一食もらえる「まかない制度」があります。ただめし券は、まかないをした誰かが、自分が食べる代わりに置いていった一食なのです。

【まかない】

これこそ未来食堂の面目躍如な仕組み。ちょっと驚きです。しかし知ってみると、「これこそが普通なんだよな」と納得してしまいます。

まかない券は、お店を50分手伝うことで一食分がもらえます。一緒に働くことで、まかないを食べることができるのです。

「お腹が減ったから」

「未来食堂が好きだから」

「いつか自分のお店を持ちたいから」

理由は様々でも、一緒にまっすぐがんばりましょう！　とホームページには書かれています。

【さしいれ】

さらに！　飲み物のリレーもできるのです。

未来食堂では飲み物の持ち込みができ、その代わり持ち込んだ半分を店に〝寄付する〟仕組みがあります。未来食堂に行くとカウンターに飲み物が置いてあるのを目にしますが、これは誰かからの頂き物（＝差し入れ）なのです。だから自由にお飲み下さい（店が売っているお酒も、滅多に飲めない良い銘柄です。たった1種類だけ置いています）。これも楽しみのひとつですね。


先ほども書きましたが、未来食堂のメニューは日替わり1種類のみ。

週の終わりに来たお客さんと次週のメニューを決めています。

この1種類のメニューの周辺で、これだけの工夫と行動が生まれる。素晴らしいですね。

●未来食堂が示したThink different

さて、ここからがさらに面白い！

このまかない券はもらった一食を誰かにあげることもできます。顔も名前も知らないのに、店にやってきた誰かが店にいた誰かとつながってしまう仕組み。これは、本当に素晴らしいですよね。

大切な人や見知らぬ誰か（←ここ、ポイントです）に、自分のがんばりを贈ることができる。存在証明ができる。「ありがとうのパス」ですね。

イタリア・ナポリのバルには、「カフェ・エスペーゾ」という制度があります。コーヒーを飲むときに、その人が裕福なら2杯分の代金を支払い、コーヒー代を払えない人のために使ってもらうという粋な仕組みです。

これを模したのかどうかはわかりませんが、未来食堂では、お会計のときに新規のお客さんに割引チケットを渡していて、その割引チケットを持っている人が対象となります。初回は店頭申込みのみ可能ですが、2回目からはオンラインで申込みが可能です（※会計時に「まかない希望です」とお話ください。日程が決まっていなくても、意思確認が取れましたらオンライン上で申込可能となります）。何度も来店する必要がなく、スムーズです。日程が決まっている場合は、参加可能なお手伝い時間枠を選べます。

他にも、実は未来食堂では〝知らない世界も面白い〟をテーマに、図書館の機能も備えています。これは「未来図書」と呼ばれています。某雑貨屋チェーンでも置いていないような、少し珍しい本が閲覧できるのです。

　画集や写真集が多く飽きさせません。１００冊を超える蔵書から何冊かを、半月ごとに入れ替えて並べています。あなたも行ったら、お気に入りの一冊を見つけてくださいね。

　そして、さらに素晴らしいと言うかすごいのが「経営情報の公開」です。

　開店準備の段階から、開店後の経営数値までを、赤裸々に開示してくれています。これ、開業を考えている人には垂涎モノの情報です。

「業界全体の役に立ちたい」というオーナーの心意気なのでしょうが、普通の経営者ではこんなことはしませんし、できません。


　さて、ここまで読んだらもう未来食堂に行ってみたくなったでしょう。ぜひ足を運んでみてください。そして、体感してみてください。

　目の前を覆っていた何枚もの鱗が、ボロボロと落ちる音を聴くことができると思いますよ。

第5章

「ここぞ！」のタイミングで伝家の宝刀を抜いた商品たち

「気づいていないのは自分だけ」の法則を知っていますか？

私の見つけた法則に「自分の強み、本当の売りもの。気づいていないのは自分だけの法則！」というものがあります。

真の売りものはすぐ傍に、ひょっとしたらあなたの足下に落ちているのに、気づいていない人が多すぎます。場合によっては足で踏んじゃって、わざと見えなくしてしまってるパターンも。これって本当にもったいないです。

本章では、そうした〝真の売り物〟にいち早く気づき、その売り物を使ってビジネスの根幹すら変えてしまったいくつかの例をお話しします。

あなたに〝売りもの〟はありますか？　そしてそれは、真にお客さんが欲しいものでしょうか？　そこを考えてもらいたいと思います。

「そうだ！」で星を売った！　日本一の星空「スタービレッジ阿智村」

長野県の南端、豊かな自然に囲まれた阿智村は、環境省認定の日本一星空が綺麗な村。適度な高度、澄んだ空気。山々に囲まれた、この地で見る満天の星空・雲海は息を飲む美しさ。シーズンによって異なる3つのツアーで、その美しさを堪能できる「天空の楽園」があります。

そう。長野県・阿智村は、国が認めた日本一星空が綺麗な村なのです。

そのホームページで、村長の熊谷秀樹さんは、

地元の人が一番驚いているかもしれない。

人口7000人弱、小さな山あいの阿智村は、日本一と呼ばれる地域資源が二つあります。それが環境省から認定された最もきれいに見える星空と、一本の木からピンク、白に咲く「はなもも」5000本です。

昔からあたり前のようにあった景色は私達にとっては普通でも、都会で暮らす皆さんには非日常の極上な空間だそうです。

そして昼神温泉でゆっくりしていただいて、全国の皆さんに「感動」をおすそわけ致します。是非お待ちしています。

と書いています。

つまり阿智村は、「星空」と「はなもも」という「目で見る自然の資源」を活かして成り立つ、実にThink《シンク》 different《ディファレント》な観光地なのです。

●阿智村がおすそ分けしたThink different

長野県阿智村の昼神温泉は年々客数が減り、2011年には往時の7割程度にまで落ち込んでしまいました。

温泉街を再生するために、村人たちは試行錯誤を重ね、星空ナイトツアーつきの宿泊パックを開発。ツアーが呼び水となり、温泉宿の稼働率は9割にまで戻りました。

この辺りの経緯は、阿智村を題材に書かれた永井孝尚さんの小説『そうだ、星を売ろう「売れない時代」の新しいビジネスモデル』に詳しいので、関心のある人はぜひ読んでみてください。

私が今回、この阿智村を取り上げたのには大きな意味があります。

そもそも、この村はなんの変哲もない一般的な、ありふれた温泉地でした。ある意味では、過去の栄光にしがみつき、変化を恐れるよくあるパターンの温泉街のひとつだったのだと思います。

ですが、そこで従来の集客法に則り、従来のお客さんを呼んでいては、結局はジリ貧になるだけ。危機の脱出などままなりません。

そこで抜本的な、文字通り根っ子から変えるThink differentな発想が求められたわけなのです。

そして、たどり着いたのが「星空」という〝商品〟でした。

もちろん星空を商品化するには並大抵という言葉では言い表せないほどの苦労と苦難、アクシデントや妨害すらもあったのだと思います。

それでも「何とか村を再生させたい！」「この村を知ってもらいたい！」という思いから、阿智村の今が生まれたのです。

ホームページを覗いてみましょう。

自然豊かな信州阿智村にある富士見台高原へブンスそのはら。全長２５００ｍ、高低差６００ｍ、所要時間約15分のロープウェイと、展望台リフトを乗り継ぎ、標高１６００ｍの展望台へ。そこには遠く南ア

ルプスまで広がる【雲海】。天空の楽園と呼ぶに相応しい感動の景色が皆様のお越しをお待ちしております。このツアーのもう一つの魅力は【星空】。環境省が実施する全国星空継続観察で星が最も輝いて見える場所の第1位にも選ばれた満天の星空を、晴れた日にはご覧いただけます。星が瞬く静寂の夜から、暖かな光が辺り一面を包み込む朝へと移りかわる姿、10月から山々を紅く染める紅葉、11月には南アルプスの冠雪。多くの感動の瞬間に出会える特別営業となっています。

あるがままなのです。あるがままのものをあるがままに書くだけで、これだけ魅力的に伝わる。事実、私はこの文章を読んだだけで「何が何でも阿智村に行くぞ！」と決めたくらいですから。

そしてさらに、お客さんへの信頼を勝ち取る方策として、データを見せる手法も採っています。

【昨年度データ】

雲海発生率　72％
日の出　59％
星空　51％

気温目安　10月　8.1℃　11月　4.2℃

【日の出時間目安】

10/22　6：05頃
11/1　6：15頃
11/5　6：20頃
11/15　6：30頃
11/23　6：40頃

気温や日の出時間、星空の見え具合などをデータとして事前に開示しているのです。親切ですし、言葉は悪いかもしれませんが、もめ事の種を事前に摘み取っている効果もあるのです。

お客さんの中には「せっかく来たのに星が見られなかった！」とクレームにつながるケースもあります。ですが事前にここまで親切に表示されていたら、仮に思った通りに行かなくともお客さんは文句を言えません。

実によく考えられているのです。

これだけではありません。阿智村には、「スターコイン」という、いわゆる仮想通貨の仕組みがあります。

スターコインは「天空の楽園〜日本一の星空ナイトツアー」と「神星なる里〜浪合スターウォッチング」の会場、および村内提携施設で1枚500円として利用できます。お釣りは出ませんが、面白い試みで、お客さんにも大評判です。

しかも、お客さんへの利便性を考え、スターコインを使える店が随所で紹介され、きちんと村全体が潤うように、店舗も協力しやすくなるように工夫がなされています。

スターコインを使うと特典もあるそうで、ますます使ってみたくなります。

さて、阿智村の Think different なところはどこか?

それは〝他と違うこと〟をやったこと。過去の慣習に捕らわれずに、新たなチャレンジをしたことでしょう。

先ほども書きましたが、今まで通りではいずれ沈没していたでしょう。その未来を避けるため「自らの資源=売り物」を必死で模索し、他の誰も真似できない圧倒的な商品にまで高めたのです。

これこそが、まさにThink differentなのです。

過去にしがみつき、変化を拒否して生きるのは確かに無難かもしれません。しかし、そこからは「新しい何か」「人の心を動かす何か」は決して生まれない。

Think differentな発想こそが、新たな価値を生み出すのです。

モノレールに投資して盤石を築いた！「ディズニーリゾート」

東京ディズニーランド（ＴＤＬ）は、１９８３年に千葉県・舞浜で開業しました。その後の快進撃については本書で取り上げる必要もないくらいで、研究本もたくさん出ています。誰しも、一度は行ったことがあるのではないでしょうか。

その後、東京ディズニーシー（ＴＤＳ）も併設開業し、まさに盤石の地位を築いた。リピート率も圧倒的に高く、恐らく日本一ファンの多いテーマパークと言っても過言ではないでしょう。

そんなＴＤＬとＴＤＳがセットになったディズニーリゾート（ＴＤＲ）が決断した、ある投資について語り、ファンづくりの秘訣と秘密に迫ってみたいと思います。

●ディズニーリゾートの切り札的 Think different

１９８３年の開業以来、ＴＤＬは順調に事業拡大を続けていました。開業から18年目。運営会社であるオリエンタルランドの当時の社長は、ある決断をします。そしてその決断が一気にＴＤＬを盤石の地位へと押し上げるわけです。

その決断とは？

「モノレール」です。行ったことがある人なら、ここで「あぁ～、なるほど」と思うかもしれません。

実は当時、ＴＤＬにはボトルネックがありました。それは、駅からかなり歩かなければいけなかったこと。

普通に若い親子で行くには問題のない距離です。若者同士でもどうってことない距離です。しかし、おじいちゃんおばあちゃんを伴って行くと、一気に事情が変わってくるのです。おじいちゃんおばあちゃんにとっては、そうそう簡単に歩ききれる距離ではなかったのです。

これは私の推測ですが、おじいちゃんおばあちゃんを伴って行くことには、かなり気を使わなくてはいけない状態だったのではないかと思います。

基本的におじいちゃんおばあちゃんは若者ほど足腰が強くはありません。腰やひざに故障を抱えている人も多いでしょう。「元気なお孫さんと一緒に遊んであげたい」「一緒に楽しみたい」と思ってはいても、なかなか体がついていきてくれない。そんな状態が多かったはずです。

また当時、その他のお客さんからの「駅から遠い」という意見も多かったと推測されますし、だからこそ当時の経営陣は、最大のボトルネックを解消したい思いで伝家の宝刀を抜く決断をしたわけです。

もちろん、舞浜の駅から歩いて行き、やっとTDLのゲートに辿り着く。その間のワクワクやパークが見えてきたときのドキドキ、到着したときの到達感も実は重要で、夢の国までの距離がメリットになっていたことは否定できません。

見事な〝二律背反〟です。

この二律背反を一挙に解決するため、オリエンタルランドの経営陣は「モノレールを敷くこと」を選択しました。

この投資には何百億を要したそうです。いくら良好な経営状態を誇る会社でもこれはかなりの投資額。大きな決断です。反対もあったでしょう。ですが、推進します。

そして、単線モノレール「ディズニーリゾートライン」が開通。お客さんからの評判も良好。クレームも減ったことでしょう。

ですが実は、その裏というか、陰というか、見えない部分で、もっともっと大きなプラスの変動が起こっていたのはあまり知られていません。

それは「グランドペアレンツ市場」の活性化。ここが、オリエンタルランドのThink different です。

先ほどからお伝えしている、おじいちゃん・おばあちゃんが使うお金が落ちる市場を「グランドペアレンツ市場」と呼びます。

このグランドペアレンツ市場には、極めてわかりやすい特徴があります。それは「孫のためにはお金に糸目をつけない」ということ。孫にねだられれば、おじいちゃん・おばあちゃんはお金を使います、使ってしまうのです。

ある意味、両親が止めても使います。親に内緒で買ってもらった経験、あなたにもありますよね。そのくらい、孫は可愛いわけです（笑）。

モノレールが開通することで、このグランドペアレンツ市場が一気に様変わりしたと考えられます。

考えてもみてください。ＴＤＲの唯一と言ってもいいボトルネック〝おじいちゃん・おばあちゃんが行きにくい〟を、解消してしまったわけです。

お孫さん側もおじいちゃん・おばあちゃんを誘いやすくなったでしょうし、親御さんもおじいちゃん・おばあちゃんにお孫さんを委ねやすくなります。おじいちゃん・おばあちゃんの側も、孫のために積極的にTDLをお出かけ先に考えるようになります。もともと行きたかったのを我慢していたのを、その制約がなくなったわけですから。

頻度も上がるし、滞在時間も増えるし、使うお金も増えていきます。

見事なプラスの連鎖です。

これぞ、オリエンタルランドの Think different の成果です。

結果、TDLには莫大な利益がもたらされたと思います。

これは、あくまでも私の推測です。推測ですが、当たらずとも遠からずだと思っています。


利便性を意識して、お客さんの不便を解消したい思いで行ったことが、結果として新たなビッグマーケットを掘り起こしたのです。

お客さんの不便を第一優先で解消したいと願う。本当にするべき投資を、するべき対象に、正しいタイミングで行う――投資の要諦とは、ここです。

ビジネスをするときにポイントとなるのは、「誰にいつ売るか?」。つまり「対象」と「タイミング」です。オリエンタルランドのモノレール作戦は、結果的にそこを完璧にとらえたのです。

それができれば、こうした金の鉱脈を掘り起こすこともできるわけです。

カスタマーフォーカス、顧客第一主義、顧客目線。

口に出すのは簡単ですが、実際にどこまでやれているか？　実態を伴っているか？　そう考えると、正直なところ〝お寒い限り〟という企業ばかりではないでしょうか？

ＴＤＬの投資は、その〝口には出しているけれども形骸化し、念仏でしかなくなっている顧客主義〟に対し、大きな一石を投じるやり方だったと私は考察します。

あなたもビジネスをするなら、目先の事だけでなく、本当の投資やプラスの連鎖を生み出す投資に目を向けてみませんか？

満を持して市場を制圧した！　サントリー「伊右衛門　特茶」

分解しないと体脂肪は減らない。

サントリーの「伊右衛門　特茶」は、体脂肪を減らすのを助ける、初の特定保健用食品として２０１３年10月１日に全国で発売されました。

商品の謳い文句は以下の通り。

体脂肪はそのままではうまく消費することができません。
ついてしまった体脂肪は、まず「分解」され、その分解された脂肪が燃焼することで、消費されるのです。
特茶は、脂肪分解酵素を活性化させるケルセチン配糖体の働きにより、体脂肪を減らすのを助けます。

ご存知の方も多いと思いますが、伊右衛門 特茶以前の「体脂肪減少マーケット」は、花王のヘルシア緑茶の独壇場でした。

高濃度茶カテキン540ミリグラム配合、特定保健用食品＝特保、極端に苦く渋く濃い味、しかも花王というケミカルの会社が作ったもの。

どう考えても体脂肪に効きそうです。私も飲んでみたことがありますが、かなり苦かった記憶があります。

そもそも「高濃度茶カテキン」という言葉の持つ強み。「何だかよくはわからないけど、どうもすごそうだ!」と一気に市場を制圧しました。

以降、揺ぎなき王者の座を占めていたのです。

そこに敢然と乗り込んできたのが特茶でした。

もちろんそれまでも伊右衛門は人気でしたし、よく売れてもいました。ですが、それはあくまでも清涼飲料のお茶としての評価であり、体脂肪減らす系とか、特保のお茶としての評価ではありませんでした。

●サントリーが満を持したThink different

そもそも、伊右衛門 特茶が発売された当時、他にも体脂肪減らす系の飲料はたくさん出ていました。そして、その多くがヘルシアのパワーに押されて、大きく日の目を見ることはありませんでした。

それらライバルの多くはカテキンを使ったもの。言ってみれば、ヘルシアの二番煎じだったのです。これでは勝ち目がないことは、ここまで読んできたあなたならもうおわかりでしょう。

そこに、満を持して乗り込んできたのが伊右衛門 特茶でした。

サントリーは巨大企業です。マーケティング面でも素晴らしい能力を持った企業であることは言うまでもありません。

しかし、サントリーはここでヘルシア緑茶と直接対決するような愚は犯さなかった！ 私はそう考えます。

詠《うた》っていることにそれほど違いはありません。「これを飲めば脂肪の吸収を抑えられるかもよ！」です。

もちろん、伊右衛門 特茶にもカテキンは含まれています。

しかし、私が注目したのは「ケルセチン配糖体」です。この時点では実に新しい、少なくとも聞いたことのない言葉でした。

〝あの〟サントリーが満を持して出してくるお茶。ケルセチン配糖体という聞いたこともない、でも何か凄そうな成分が含まれる新しいお茶。「これは効きそうだ！」という感じです。

数年前にヘルシア緑茶がパッケージをリニューアルし、コンビニや駅の売店から一気に姿を消したラッキーもあったのでしょう。

伊右衛門 特茶の快進撃が始まったわけです。

もうひとつ、私が着目したのは「無香料国産茶葉100％」という打ち出しです。

ヘルシア緑茶の場合、茶葉へのこだわりが打ち出されてはいませんでした。しかし伊右衛門 特茶の場合は、そもそも「伊右衛門」のブランドがあり、かつ伊右衛門は京都福寿園という老舗のお茶屋さんと組んで生み出したもの。お茶の葉にもこだわりがあるわけです。だ

から伊右衛門 特茶は、健康飲料としてだけでなく、純粋にお茶としてもとてもおいしそうに感じさせます。

ヘルシア緑茶が持っていた伝家の宝刀＝高濃度茶カテキンを踏まえながらも、そこに切り札＝ケルセチン配糖体を持ってきた。

よくぞこの条件が整うまで待った！ という感じです。

これこそがThink differentだと思うのです。

サントリーとしては一刻も早く、ヘルシアの持つマーケットを奪いたかったと思います。きっと、焦りもあったでしょう。しかし戦いの土壌が整うのを待つのも、一流の戦略です。

林修先生が語る「いつやるの？ 今でしょ！」の面もありますが、「いつやるの？ ……今じゃないでしょう！」の側面もあるわけです。

サントリーのThink differentは、市場に迎合しないこと。環境条件を整えてから満を持して打って出ることだったわけです。

もしもタイミングが少しでも狂っていたら、伊右衛門 特茶はなかったかもしれません。今ほどの人気を博してはいなかったかもしれない。

待つのも作戦のうち。焦らず、見極めることも大切さを、伊右衛門 特茶は教えてくれていると思うのです。

第6章

売り込まずに買いたいと思わせた企業たち

売り込む提案力だけが、買いたくさせるわけではない

ビジネスにおいて提案力は確かに大切かもしれません。上手に提案できる人が素晴らしい営業成績を上げているのは事実でしょう。

ですが、一方的に売り込まれて買う気が失せた経験を、あなたもしたことがあると思います。

「あなたはこの商品を売りたいだろうが、私は買いたくはない」

残念ながら、こう言いたくなるような場面は多く存在します。

だとしたら大切なのは「私が買いたい」と感じてもらうこと。「売りたい」「買ってほしい」という思いをひた隠すことが、実は売れる極意なのだとしたら、身につけたくはないですか？

初めての方にはお売りできない「ドモホルンリンクル」

「再春館製薬所」という企業を、聞いたことがありますか？

女性ならほぼご存知かと思いますが、それ以外の人でも「ドモホルンリンクル」と聞けば「あっ、知ってる！」となると思います。ＣＭで一度は見たことがありますよね。

再春館製薬所は、30代からの基礎化粧品ドモホルンリンクルを販売している、実はものすごく革新的な会社なのです。

何が革新的って、お客さんへのアプローチが見事に革新的。他の会社がまずやらない、したくてもできないことを平然と実行し、結果として素晴らしい成果につなげています。マーケターとして、はっきり言って脱帽レベルです。

まず、この広告コピーにやられます。

ドモホルンリンクルは、初めての方にはお売りできません。サンプルと小冊子をお送りし、納得なさったお客様だけにお売りしております。

再春館製薬所はメーカーです。メーカーは商品を創って売らなければ成立しない企業。「今すぐにでも売りたい！」「これをたくさん買ってほしい！」が普通なのに、サンプルと小冊子を使って納得したお客さんだけに売る〝ワン・クッション〟を入れているのです。

「買ってください！」が当たり前、買ってくれなきゃ成り立たない世界で、最初に「お売りしません」と言うわけです。

もちろん、ここには深い思慮と正しい戦略があります。ですが、勇気がいることなのは変わりありません。

決断はかなり緊張したと思います。

「お売りしません」と広告を打って本当に売れなかったらどうしよう？

「偉そうなこと言ってるんじゃないよ！」とクレームが来たらどうしよう？

戦々恐々だったと思うのです。

しかし再春館製薬所は、その苦難を乗り越えて現在も存在しています。素晴らしい。これこそが、再春館製薬所のThink differentです。

●再春館製薬所が勇気を持って決行したThink《シンク》 different《ディファレント》

他ができないことを、勇気を持ってやった。そして、成功につなげた。このチャレンジ精神は見事ですし、真似すべきところです。

・まずは試してもらう
↓
・合わない人もいるだろう
↓
・合わない人に無理に売ったら問題
↓
・合う人にだけ買ってもらう
↓
・トラブルを極力回避できる

この流れですよね。

というのも、「お売りしません」のフレーズは、本当ではないからです。本物の商品とまったく同じ成分のミニサンプルを送って、それを使ってもらって、問題のなかったお客さんにだけ実商品を販売する。

サンプルを送って判断をしてもらうワン・ステップを加えるだけで、避けて通れないある経営的問題を解決しているわけです。

その経営的問題とは、もちろん「肌のトラブルに関するクレーム」です。

化粧品会社に限らず、肌と接したり、体内に取り入れる商品、食品、飲料、薬品などを扱っている企業や店にとってはこの肌＝肉体へのトラブルは最大の鬼門です。

特に化粧品は、体質に合う／合わないが顕著に出ます。そして、合わなかった場合は大問題になるケースもあり、企業としては死活問題なのです。

通常、大手化粧品メーカーの場合、テレビ、雑誌、新聞などのマスメディア、今ならインターネットなどが主力のメディアです。

そこでイメージ広告を打ったり機能や成分の訴求をして、一人でも多くの人に買ってもらおうと躍起になります。

しかし、その〝買ってもらおう〟とする部分につけこむように、トラブルは発生するわけです。結果、その修復のための費用、人手、時間が膨大なものになり、経営を圧迫しかねない状況にまで企業を追い詰めるわけです。

再春館製薬所は、その化粧品会社が最も負担とする部分をほぼ皆無にするやり方を採っています。

もちろんここに至るまでには、かなりの苦労も苦難もあったでしょう。きついからこそ、新たなこと＝Think different にチャレンジした、いや、せざるを得なかったのだと思います。
そして、再春館製薬所のこの判断と戦略は、見事に実を結びました。結果として押しも押されもしない現在があります。

再春館製薬所は、他にも画期的な取り組みをたくさんしています。

例えば、再春館製薬所のテレビコマーシャルにこんなフレーズがあります。


ドモホルンリンクルをつくる工場のラインは、毎日４時間消えてなくなります。それは徹底的に洗浄するために、全部で１９８点にも及ぶ部品をバラバラに分解するからです。


これもまた再春館製薬所の Think different の表れ。

考えてもみてください。工場は稼働してナンボの世界。稼働率の高さこそが、工場の価値。そんな側面もあるわけです。

そこを再春館はあえて、「工場が消えてなくなる」という表現をします。

動いているべき工場が停まる。

これはマーケティング的には「先制の戦略」と言われ、業界他社が言わなかったことを初めて表現することの意味を示しますが、工場を停めることの意味を伝えているわけです。

通常、どんどん製品を作り、次々に広告を展開し、タレントを変え、表現を変える。そうして日々、売上げを上げていく。

それが、それこそが普通のメーカーの姿です。

そこに真っ向勝負で、「売りません」「工場が消えてなくなります」のような、ある種のアンチテーゼを放つ。

そのことこそが再春館製薬所の Think different の証だと思うのです。

どれも見事に面白いし、どれも素晴らしいと思います。

ですがひとつ、私が強く思うことがあります。

再春館製薬所の「お売りしません」は世間にかなり広まっています。業界人にもかなり認知されていると思います。再春館の躍進も知れ渡っています。

なのに、なのにです！

この方向性をモデリング、取り入れた企業を見たことがないのです。

もちろん、このフレーズをそのまま真似しろと言っているのでありません。発想として取り入れることはいくらでもできはず、という意味です。これほどうまく行っている手法なのだから、もっとみんなが取り入れればいいのに。

もちろん丸パクリはダメですよ。効果もないでしょうし、すぐにバレて炎上してしまうでしょう。

ですが、再春館のやり方を構造的に取り入れて、自分なりのやり方にカスタマイズすることはできるはずなのです。音楽で例えるなら、メロディラインではなく「コード進行」をモデリングするわけです（世の中にはそうやってできた名曲が星の数ほどあります）。

そこに知恵を絞ってもらいたいのです。そして、あなたのThink differentに挑んでもらいたいのです。

「私だ！」と思ったお客さんを待つだけ！「ガチガチ専門」

私は看板でこの文字を見ただけで、その日のうちに店へ行きました。行っちゃったのです。

なぜなら、私は〝ガチガチだったからです。

家庭用のマッサージ機ではまず歯が立ちません。普通のマッサージ店でもなかなか納得いく施術をできる人に出会えない。血行が良くなって、ちょっとでも軽くなればラッキーです。

そんな私を満足させられるのか？

半ば道場破りのような気持ちで「ガチガチ専門」を訪ねたところ、これが良かった！ 一般的なマッサージ店で、施術者から「力加減はいかがですか？」と尋ねられたことはありませんか。そこで「もっと強く」と頼むとグイッと力を入れて押し、「もう少し優しく」というと力を抜いて施術します。つまり、力の強弱で調節しているのです。

しかし、ガチガチ専門では、こり固まった筋肉を「点の持続圧®」などの独自のテクニックでほぐします。恐らく「ここの筋肉が硬い場合にはここをこういう風に押す」というノウハウがあるのでしょう。力任せではないのに、しっかり芯に届くのです。

それ以来、何度も通っています。ガチガチに固まったふくらはぎを施術してもらったときは、あまりの激痛に脂汗がダラダラと出るほどでした。しかし、そのくらいじゃないと私の場合は効かないのです。

施術後、担当者から「中山さん、痛かったでしょう。顔を見ればわかります。でも『やめて』とは言わなかった。だから、最後まで続けました」と笑顔で言われました。

これまたありがたかった！　普通は激痛で叫ぶところですが、ここを超えると翌日以降のスッキリが待っている。それがわかっているからこそ、我慢ができたのです。

●ガチガチ専門というネーミングのThink different

そして、何より大事なことは店名の「ガチガチ専門」です。普通では使わない言葉ですが、見事にターゲットをあぶり出しています。

これぞ、Think different だと思います。

あらかじめこの店名を見ているからこそ、「かなり痛いのは当然で、我慢して耐えた先に、何らかの解決が待っている」と思わせてくれます。

これが仮に「〇〇指圧」としか書かれていなかったとしたら、恐らく我慢せずに「もっと弱く！」とお願いしているはずです。そういう店だと思っていないからです。それだと効果は出ない。

ガチガチ専門は、店の名前であると同時に「うちの店は普通の施術ではダメな人向けですよ」という店からのメッセージでもあり、さらにターゲットを選び切るための踏み絵にもなっている。

それだけ深く、考え抜かれた名前なのです。

普通はお客さんが苦悶の表情を見せれば力を緩めるか、「大丈夫ですか？」と確認します。あとで揉み返しが起これば元も子もないですし、下手をすれば「こりがひどくなった！」とクレームに発展しかねません。普通の店は痛そうなお客さんを放ってはおけないのです。

しかし、筆者のようなガチガチ族に優しいマッサージは効きません。逆にストレスになってしまうくらいです。せっかくお金を出して施術を受けるのです。1時間の施術中に多少の痛い思いをしても、そのあとが軽くなるなら我慢します。そのくらい、こっちはガチガチを何とかしてほしいのです！

そんな心の叫びに応えることができるのは、ガチガチ専門が独自の卓越した技術力を持っているから。しっかりとこりをほぐすことができるけど、ムダな揉み返しを起こさない自信があるから、ガチガチ族が泣いて喜ぶ施術を実践できるのです。

そして、もうひとつ。

ここがとても肝心なところなのですが、この「ガチガチ専門」というネーミング。確かに、ガチガチ族を呼び寄せる誘蛾灯のようなネーミングではあるのですが、実はそれ以外の人も呼んじゃうわけです。

「ガチガチかどうかまではわからないけど、かなりこってる」

「相当固い自覚はある。他のところではどうも満足できなかった」

そう自覚している人は意外と多いのです。そんな〝ガチガチ予備軍〟がやって来ます。結局、ガチガチ専門でターゲットを絞り、尖らせたネーミングが、もっと大きな広がりを持って機能してしまう。ここが面白いところです。

もしも看板の文言がただの指圧やマッサージだったら私は行かなかったでしょうし、本書に登場させることもなかっただろうと思います。

ガチガチ専門は重度のこりに悩まされているお客さんだけでなく、予備軍までをも吸い寄せる、魔法の言葉。まさに、Think different なキーワードだったのです。

学生の入店を断り続ける居酒屋「新宿樽一」

1968年。『巨人の星』がテレビ放映された年に新宿で産声を上げた、歌舞伎町の名居酒屋「樽一」。

つい最近、創業50周年を迎え、記念イベントも終了したばかり。

これからまた新たなステージに向けてリスタートという時期です。

「宮城県塩釜の銘酒『浦霞』」「東北の山海の産品」、そして「鯨料理」。この3本柱で、超激戦区と呼ばれる新宿歌舞伎町に君臨する名店です。

さて、樽一の発祥は高田馬場。高田馬場と言えば、日本一と言っていい学生街です。

樽一の創始者、佐藤孝さん（現当主〝慎ちゃん〟こと慎太郎氏の父上です）は、開店時にある決断をしました。

それは、「学生さんお断り！」。

日本一の学生街で学生さんを断るという決断をしたのです。あり得ない決断です。はっきり言って暴挙でしょう。信じられないことです。街のメインのターゲットに「来るな」と言うわけですから、常識的には「どうかしちゃった」と思われても仕方ないでしょう。でもそこには、お客さんと店の未来を思う、実に深い配慮と勇気があったのです。

●樽一の「学生お断り！」発想こそがThink different

樽一は、自慢の肴と銘酒「浦霞」を楽しんでいただきたい、そのメインのお客さんがサラリーマンだったからです。

「ベストな環境をメインのお客さんに提供する。そのためには、学生さんの集団を店に入れたのではいささか騒がしいことになる。ゆっくりと酒と肴を堪能していただくことができない」

孝さんはそう考えました。そして、それを実践しました。

店主がどんな店にしたくて、どんなお客さんに来てもらいたいか――これは思いつくのも勝手ですし、やろうとするのも勝手です（笑）。しかし、実際にできるのかというと別の話。普通に考えたら、無理でしょう。

「売上げ」「集客」というすべての客商売が逃れられないキーワードの圧力で、あえなく方針変更……という店がほとんどのはずです。

しかし、創業者佐藤孝さんは決断し、やってのけました。ちょっとやそっとの覚悟ではできないことだったでしょう。

この考え方は、２代目の慎太郎さんの代になっても変わることなく、脈々と受け継がれています。

歌舞伎町店も「学生さんお断り」。もしも学生さんが来店すると、きちんと意図を伝え、お引き取り願います。そして別れ際には必ず、この言葉を添えます。

「社会人になったら、ぜひ来てください！　サービスしますよ！」

お客さんは出世魚。しっかりと対応すれば、必ず大きな魚となって戻ってきてくれる――その信念があるからこその言葉です。

ちなみにこのこだわりには、過去に一度だけ例外があったそうです。

樽一の常連さんに、ある大学教授がいました。その教授が「どうしても自分の教え子のゼミ生に樽一を体験させたい。おいしい日本酒と三陸の幸、そして鯨料理を堪能させたい」と考え、店主にこう申し入れたそうです。

「私が責任を持って、学生たちに騒がないように指導します。もし守れなかったら即刻退店で構いません。何とかなりませんか？」

店主はそれを受け入れ、教授も学生さんたちも満面の笑顔で店をあとにしたそうです。そのときの学生さんが後に社会人になり、樽一を訪れたことは言うまでもありません。

一般的に、飲食店は宴会やファミリー層を狙いたがるものです。そのほうが経営的には効率が良いですし、オペレーション面でも楽です。

しかし他方で、店が〝荒れる〟大きなリスクもあります。実際に、宴会中心にしたばっかりに常連さんが去っていた〝大いなる本末転倒〟が至るところで起こっています。

こう考えると、樽一は〝一番重要なもの〟を選び取ったと言えます。「店を愛してくれる人たち」という一番重要なものを。

経営効率や費用対効果などキーワードを盾に店を壊し、お客さんの気持ちを荒ませている店のなんと多いことか。樽一の学生さんお断りエピソードは、一服の清涼剤でもあるし、ひとつの指針でもあると思います。

さて、もうひとつ樽一に関してどうしても知っておいてもらいたい逸話があります。

8年前の3月11日。いつまでも記憶に新しいとても不幸な天災がこの国を襲いました。悲しく、つらく、二度と起こってもらいたくない出来事です。

樽一は宮城県塩竈市の銘酒「浦霞」をずっと扱っている店です。先代の時代からあまりにも浦霞を売るので、社長がこの店だけのためにオリジナルの「浦霞金ラベル」を作ったというくらい（ちなみに金ラベルは世界中でこの店でしか飲めません。私も店を訪れた際は必ず注文します）。

東日本大震災の当日、浦霞の生産ラインはかろうじて守られました。

タンクに傾きが出たり床まで水が襲ってきたりと、大きなダメージは受けたものの壊滅的な事態には至らず、ホッと胸をなで下ろしたそうです。

しかし！　倉庫では、ある考えられない事態が起こっていました。社長が点検のために倉庫へ行くと、ケースがすべてひっくり返り、中身の酒瓶がすべて転がっていたのです。

浦霞酒造では、ボトリングをした酒を色違いのケースに入れて保存しています。例えば「黄色のケースには金ラベル」「青のケースには大吟醸」という感じです。しかし、この時点では酒瓶にラベルは貼られていません。全部が同じ瓶に入った、まったく顔のない酒です。その酒瓶が、地震の揺れですべてケースから出てしまっていた。見た目はまったく同じ、ラベルなしの酒瓶が全部混じって散乱している状態だったのです。言うまでもなく、外からは中身の違いはわかりません。

社長は途方に暮れました。声も出ないほどのショックでした。

そこへたまたま、樽一の慎ちゃんから心配の電話が入りました。呆然とする社長に慎ちゃんは「無事でしたか？」と声をかけました。

社長と慎ちゃんは先代の時代からの旧知の仲です。社長は正直に、倉庫の惨状を慎ちゃんに伝えました。「酒瓶は無事だけど、どれがどれだか判別しようがない。参ったよ……」。

すると一瞬の間を置いて、慎ちゃんはこう口にしました。

「社長。そのボトル、うちが全部買い取るよ！」

面食らう社長に、慎ちゃんはこう続けました。「大丈夫。お酒は『浦霞ノーラベル』としてお客さんに呑んで貰うよ！　呑んでみないと中身がわからないってのも、ゲームっぽくていいじゃん。うちのお客さんは大人ばかりだから絶対に理解してくれる。それとボトル一本につき500円の義援金もいただくことにしよう！」

慎ちゃんは「いったいボトルが何本あるのか？」とは一切質問をしなかったそうです。いくらの資金が必要なのかも考えなかったそうです。それより「浦霞を救いたい！　この北の銘酒を応援したい！」の一心だったそうです。

数日後、その〝顔のない酒瓶たち〟は出庫され、「浦霞ノーラベルを呑んで東北を支援しよう！」のテーマで次々と開封されていきました。店もお客さんもとても盛り上がりました。お客さんの中にあるマスコミ関係の人がいて、取材も入ったそうです。

浦霞ノーラベルは3ヶ月で完売。実に2000本以上が、樽一だけで飲まれたのです。義援金も相当な金額になり、慎ちゃんは塩竈までそれを届けに行きました。満面の笑みの慎ちゃんの写真が、今も店には残っています。

根っ子の考え方がしっかりしていると、こうした判断ができるのですね。

第7章

ターゲットを絞り切る！だから愛された店たち

「誰にでも当てはまる」は「誰にも当てはまらない」である

「あの人にもこの人にも、みんなに好かれたい！」とターゲットを広げ、結果として〝何者だかわからなくなってしまっている〟企業や店や人が多く見受けられます。

ビジネスを始めるときに、ターゲットを〝絞り切る〟ことはとても大事です。もしかしたら「それだと狭くなりすぎてお客さんを取りこぼしてしまうのでは？」「もっとたくさんの人たちに知ってもらいたいのに」と思うかもしれません。

はっきり言うと、「誰にでも当てはまる＝誰にも当てはまらない」なのです。

むしろ、勇気を持って尖ればいい。尖れば必ず、その尖りを求めている人が見つけてくれる。そして、やってきます。その尖りを求めてやってきた人たちが「ファン」、その集まりを「ファンクラブ」と呼びます。ファンクラブ自体が話題を呼べば、話題に触れたくてファン以外の人も寄ってきます。そもそも興味がなかったけど話題になっているから行ってみる、という経験があなたにもあると思います。

これが、「ターゲットを絞り切る！」の意味です。〝絞る〟ではなく〝絞り切る〟ですよ！

本章では、ターゲットを絞り切って明確さを打ち出した結果、見事な成功を手に入れた事例をご紹介しましょう。

ラーメン屋が「辛うま好きの聖地」に！「蒙古タンメン中本」

もしもあなたが辛いもの好きなら、首都圏中心に展開しているラーメン屋「蒙古タンメン中本」をご存知でしょう。「辛いもの好きだけ寄っといで！」にふさわしい、辛うま好きのためのラーメン屋です。

現店主の白根誠さんが、先代に三顧の礼を尽くして許可をもらい、修業を重ねて受け継いだ2代目企業。真っ赤な唐辛子色の看板は、まさに〝辛いのが苦手な人は入っちゃダメ！楽しめないよ！〟というバリアそのもの。あの真っ赤を見て「辛いのは苦手だけど、入ってみようかな？」という人は、はっきり言って変人です。

この店の最大の特徴は飽くなき〝辛うま〟の追求。ひたすら辛いけどうまいラーメンを研究し、提供を続けています。言い換えるなら、「中本」のお客さんは圧倒的な辛いもの好き。「辛うま好きの聖地」のような店なのです。

メニューは広げず「辛い」に特化した結果、２０１８年12月の時点で関東圏（東京・神奈川・埼玉・千葉）に22店舗ありますが、どこも日々、行列。「東京に出張に行ったら絶対に寄る！」という地方在住者も多く、関東を中心に展開する店でありながら、実は全国的な商圏を持っている店です。

●蒙古タンメン中本が追及したThink《シンク》 different《ディファレント》

とはいえ中本は、決して辛いものが苦手な人を排除しようとはしていません。逆に、辛いものが苦手な人には、辛いものを好きになってもらう努力をしています。

ここが他の〝辛いだけ自慢の店〟とは大きく異なる点です。ここがThink differentなのです。

なぜ、辛うまに特化して成功したのにそんな努力をするのか？

それは、店主の白根さんがまさにそうだったから。決して辛いのが得意ではなかった白根さんも、先代がやっていた「中国料理　中本」の蒙古タンメンに出会ってから、辛うまに目覚めたクチなのです。

見た目は強面に見える白根さんですが、実は優しい人。だからこそ、その思いを、一人でも多くの人に伝えようとしています。

ホームページには、こんな文章があります。

辛さはメニューによって異なり、辛さ0（全く辛くありません）から激辛の辛さ10（初めてのお客様はご注意ください）までご用意しています。辛さゼロはお子様でも安心してお召し上がりいただけます。初めてのお客様には辛さ控えめ、野菜の甘味も感じられる「味噌タンメン」をオススメいたします。味噌タンメンはたくさんの野菜を長時間煮込んだスープに秘伝味噌と唐辛子を混ぜ合わせたスープで当店の最も基本となるスープです。辛さと甘味の絶妙なバランスをお楽しみいただけます。味噌タンメンで慣れたら当店看板メニュー「蒙古タンメン」を是非お試しください。

ほらね、優しいでしょ？（笑）

この文章からは、辛いものを押しつけるのではなく、辛いものを好きになってもらいたい、体験してもらいたいという〝祈り〟のようなものを感じてしまいます。それでも無理ならそれはもう仕方がない。無理強いはしません。

この「辛いものが苦手↓でも、たまたま食べてみた↓あれ？　意外といけるかも？↓ハマる！」の流れこそ、まさに白根さんが辿った道でもあるのです。

中本の目指すのは、辛うまで全国制覇。辛うま日本一です。「中本の辛さ」を求めてきてくれるお客さんの気持ちに徹底的に応える。間違っても全方位的なファミリーラーメン店の方向に舵を切るようなことはしません（それを否定しているわけではありません）。

白根社長はそもそも、先代がやっていた東京は板橋にあった中国料理 中本のメニューのひとつだった「蒙古タンメン」に魂を奪われ、あとを継いでしまった2代目。

当時は、ほぼ毎日通い、「これがなければ日常が成立しない！」とまで虜になってしまったそうです。そこで先代の店が閉店したときから、真摯に一生懸命先代の理解を得る努力を重ね、やっと店を継ぐことができました。

先代からのアドバイスもあって、まずは蒙古タンメン＝辛うまの象徴を極めようと「蒙古タンメン中本」を開業しました。

中本のファンは、それはもう熱烈、いや熱狂的です。ファンの語源は「ファナティック＝狂信的」から来ていますが、まさに文字通りのファンがたくさんいます。

だからわざわざ東京近郊まで来てもらうより、店のほうからお客さんのいる場所に接近して行きたい。いつでも好きなときに中本を味わえるようにしたい。

その一心から、日々、努力を重ねています。

各店で定期的に行われるイベント「辛者《しんじゃ》の会」には多くのファンが集まり、信じられない盛り上がりを見せます。これも、平均的な店を目指さず「辛いけどうまい！」を愛してくれるファンと一緒に生きていこうと決めたからこその繁盛です。

その船出には相当な勇気が必要だったと思います。「大丈夫だろうか？」と自問自答する日々もあったと思います。しかし、お客さんは理解してくれた。白根さんの、生き様に共感してくれたのだと思うのです。

たったひとつ言える、いえ、言い切れること。

それは「フィロソフィーを持っていると強い」ということです。

絶対に揺るがない、譲れないものを持っているかどうか。それが勝負の明暗を分けるのです。

蒙古タンメン中本にはそれがありました。辛いものが好きな人に辛くておいしいものを届ける。他に浮気はしない！

そう決めた瞬間、中本ワールドは魂を得たのだと思います。辛いもの好きの聖地「蒙古タンメン中本」は、これからも辛さとうまさのミックスで熱狂的なファンを楽しませ、作り続けていくことでしょう。

自分が辿った道をお客さんと一緒に歩く。

そう覚悟を決めた瞬間から、本当の仲間ができます。共通の思いでつながるシンパが生まれます。あとはその仲間が喜ぶ商品を徹底して提供すれば良いだけ。

あまりにも「自分が、自分が！」というエゴは嫌われますが、自らが辿った道を共有したいと願えば、お客さんの気持ちもおのずと見えてくるはずです。まさに、かつての自分がそうであったように。

オールディーズにこだわる空間とサウンドづくり「新宿ケントス」

東京、新宿駅東口。駅からほど近いビルの6階に「新宿ケントス」はあります。

エレベータを降りて分厚いウッドドアをくぐると、そこはまさに異空間。昔懐かしいレトロな設えと、過去に一世を風靡した内外のミュージシャンやシンガーのレコードジャケット、ポスターなどが所狭しと貼られ、年配のお客さんにはたまらない空間になっています。

席についてライブのスタートを待ちます。ほどなくして、ステージにはレギュラーバンド「ＨＩＪＡＣＫ《ハイジャック》」の面々が登場します。

ギター、ドラムス、ベース、キーボード、パーカッション、ホーンセクション4名。そこに男女ボーカル3人を加えた12人編成がデフォルト。このバンドを率いるのがこの道45年のキャリアを持つバンマス兼ボーカル、ギター、パーカッションをこなす野村修一（シュウ）さんです。

演奏するのは70〜80年代のいわゆるディスコサウンド。R&Bを中心に、ド迫力のサウンドを聴かせてくれます。

分厚いホーンセクションを絡めた迫力の演奏が始まるや否や、お客さんは立ち上がってダンスに興じます。お酒を飲むのもそっちのけで踊ります。

この状態が年中、毎日4〜6回のステージで繰り広げられる。それが新宿ケントスです。

野村修一はまさに新宿をディスコに変えた男。

海外からR&Bやモータウン系のアーティスト、プラターズ、スタイリスティクス、アースウインド&ファイア、シュープリームス、スリーディグリーズなど、数々のレジェンドが来日した場合にはHIJACKがバックバンドを務め、ツアーにも帯同するくらい野村修一への海外からの信頼は厚いのです。

●新宿ケントスが奏でたThink different

ケントスの発祥は1976年。東京港区六本木にまで遡ります。六本木の本店「六本木ケントス」は50〜60年代のいわゆるオールディーズを聴かせるライブハウスでした。

バンドメンバーもリーゼントの男性やポニーテールに落下傘スカートの女性が多く、お客さんの多くがその姿を真似していました。ボーカルの振りつけに合わせてお客さんも同じ動きで踊る。まさに熱狂的な空間でした。

1988年、新宿の東口に「新宿ケントス」はオープンします。開店当初は六本木ケントスと同様、ツイスト・ロックンロール系のバンドがステージに上がっていました。

それから10年。1998年に、ディスコの街だった新宿を意識して今のレギュラーバンドHIJACKに変わって一気に活気づきます。

ディスコをよく知る世代の、しかも大人のカップルとかグループが楽しめる店として生まれ変わったのです。

ＨＩＪＡＣＫのステージは極めてシンプルです。

お客さんに楽しくノッてもらい、騒ぎ、発散してもらう。時にはチークタイムで甘い時間を。そのメリハリです。

曲の流れ＝セットリストも考え抜かれています。次々に繰り出されるノリの良い曲、心に染みわたる演奏に、お客さんの気分は上がりに上がります。

ＨＩＪＡＣＫのパフォーマンスには、多くのファンがついています。もちろんシュウさんにも熱狂的な固定ファンがいます。

シュウさんをはじめ、バンドのメンバーやスタッフのバースデイはみんなでお祝いをします。お客さん、店のスタッフ、バンドのメンバーが一体になり、盛大に祝います。お客さんからのプレゼントもすごい量になります。

空間とバンドが一体となって、ファンを生み出しているのです。


では、新宿ケントスはシニアのための店なのでしょうか？

一般的に考えれば、いわゆるディスコ世代、バブルを知っている世代が中心ということになりますから、現在のアラフィフ世代あたりがターゲットと考えられるでしょう。

ですが、決してそんなことはありません。まさに老若男女、入り乱れて客層を構成しています。一人で来ているお客さんから団体まで、実に多種多様です。

ただそこには、明らかな一本の共通軸があります。

それは、「ケントスの世界観に共感する人」が来てくれているということ。ケントスのターゲットはここなのです。ここがThink differentです。


一般的なターゲット論では、絞るのが通説です。しかし、ケントスのように全方位な店もある。ここで下手に絞ってしまうと、逆に変な絞り方になってしまうわけです。

「それじゃあ、言ってることがチグハグじゃないか」と思ったかもしれません。そうではないのです。

ターゲットを考えるとき、ありがちなのが「年代」「性別」「収入」などの〝属性〟で考えてしまうことです。しかしターゲットの設定には、実は「好み」という属性もあるのです。趣味嗜好やテイストと言い換えてもいいでしょう。

もしも年代で選べば、加齢とともにターゲットは変化します。今この瞬間は繁盛していても、10年後はわからない。音楽という特性上、現在の40代が10年後にそのままスライドしてターゲットになるとは限りません。

しかし、「好み」を属性にすれば変化はしません。好きなものは年代を超えて好きだからです。「どんな好みを持っている人に来てもらうか」を徹底して考えると、空間づくりに行き着きます。ケントスは、そこを徹底してきたのです。

リアルタイムでいわゆるディスコを知らなくても、ケントスの空気を良しとすればＯＫ。この異空間を楽しむ人のための店なのです。みんな、それぞれの好みで、自分なりの使い方をしている。

逆に、オシャレで無機的な雰囲気を求めるお客さんには絶対に無理。ましてや静かに語らいたい人には間違いなくＮＧで、大音響が苦手な人は頭痛がするかもしれません。

そこに年代や性別や収入は関係ありません。

今、この地球上には70億人以上の人が暮らすと言われています。

新宿ケントスは１５０席程度の規模の店です。その１５０席がきちんと埋まり、適度に回転すればビジネスは成り立ちます。

「うるさいのは嫌い！」「オシャレで無機的な空間が好き」な人には来てもらわなくていいのです。

私の場合、ケントスには踊る以外に食事のために行く場合もあります。料理もおいしいからです。つまり、レストランとして使うも良しなのです。ケントスの使い勝手は実に様々です。

時代は巡り、はるか昔の曲を知らない世代が今や世の中の中心です。しかし、リアルで聴いたことがない世代にも、古い曲は好まれます。親の影響だったり。きっと、ＤＮＡレベルで刷り込まれているのでしょう。

ケントスは今夜もお客さんのＤＮＡを刺激しながら、その異空間を楽しむお客さんで賑わっていることでしょう。

あなたの空間には主張がありますか？　お客さんをつなぎとめるテイストを持っているでしょうか？　これを機に考えてみてください。

どんぶり1杯に煮干し60グラム以上を使用！「ラーメン凪」

日本人の国民食と言われるラーメン。地域で愛され続ける老舗もあれば、全国展開するチェーン店もあり、非常に競争の激しい業界です。せっかくおいしいラーメンを開発しても、伝えるべき相手に伝わっていないと埋没しかねません。

そういう意味で、新宿ゴールデン街に店を構える「ラーメン凪」は、その超個性をうまく伝えたと言えます。

売りは、煮干しでとった〝ニボい！〟濃厚スープ。

ラーメンのスープの材料は多種多様。鶏ガラや豚骨などの動物系や、煮干しやアゴダシなどの魚介系の他、昆布や削り節で旨味を増やしたり、長ネギやショウガで臭みを消したり、タマネギやニンジンなどの香味野菜で甘みを出したり……これだけ多様な選択肢がありながら、ラーメン凪は煮干しを選びました。煮干しラーメンはオンリーワンではありませんが、ここまで、煮干しにこだわっている店は他にないのではないでしょうか。

このある意味で極端な思考が、まさにThink differentなわけです。

●ラーメン凪が選んだThink different

看板には「すごい煮干しラーメン専門店」「煮干しが嫌いな方ご遠慮ください」「煮干王」「日本全国から厳選した20種類以上の煮干しを独自ブレンドした濃厚スープ」など、これでもかというくらい、煮干しの文字が並んでいます。煮干しが苦手な人は近づくのも嫌なくらいでしょう。

極めつけは「どんぶり1杯に最高級煮干しを60グラム以上使用」というフレーズ。ちなみに仕入れる煮干しは毎月5トン以上とのことです。

チャーシューが何枚とか、麺が何グラムといった表現はよく見ますが、スープに使っている素材の重量をアピールしている看板はまず見かけません。

普通の煮干しラーメンにどのくらいの煮干しが使われているのかはわかりませんが、わざわざ60グラム以上だと言っている以上は、他よりも量が多いのだろうということは想像できます。

この「多分、○○なのだろう?」という疑問形を起こすのも、実に賢いやり方。読んだお客さんは、気になって気になって仕方なくなるのです。

逆に、そんなに煮干しラーメンが好きではない人は「これはやめておこう」「きっと自分にはおいしいと思えない」と考えるに違いありません。ちょっとやそっとじゃない、ものすごく煮干しの味がするだろうと予想できるからです。

店頭できちんとコミュニケーションができているわけです。だから、いざ食べ始めてから「こんなに煮干しが強いのは無理」と残す人は一気に減ると考えられます。

その一方で、煮干しラーメンが好きな人ならば、60グラム以上というフレーズを見て「ぜひ食べたい!」と思うでしょう。

世の中には煮干しファンが確実にいます。煮干しの味が濃ければ濃いほど良いというほどアツい人もいます。彼らは猛烈に煮干しラーメンを欲し、その渇望した思いにラーメン屈は応えています。この辺り、蒙古タンメン中本に通じるものがありますね。

ラーメン凪は2004年に店舗を間借りして営業を開始。初期の店舗は豚骨ラーメンでしたが、2008年の新宿ゴールデン街への出店を機に、数年間かけて研究を続けてきた煮干しラーメンで勝負したところ、これが大当たり！　現在は渋谷や五反田、名古屋などのほか、台湾やフィリピンをはじめ海外にも進出を果たしました。

「煮干し一般で勝負する。煮干しを本気で、心の底から愛してくれるお客さんとだけ生きていく」

ラーメン凪のこのコピー群と看板は、その熱く強い覚悟を示すメッセージでもあります。

一般的には「はっきり言わずになんとなく曖昧な表現」「はっきり言うとバッシングを食らったりクレームがつく」などの考えで、メッセージを打ち出すことを抑える傾向にあります。

しかし、ラーメン凪は「それじゃダメだよ！　勇気を持って伝えなければ本当のファンは増えないよ！」と語っているようです。

煮干し濃厚スープをこよなく愛する人だけを対象に、煮干しラーメン一本で勝負するラーメン凪。たった一つの強みを活かして熱烈なファンを増やした好事例です。

第8章

逆転の発想で
新市場を切り拓いた商品たち

市場の「当たり前」を覆せば新しい市場を確立できる

市場では常に新陳代謝が起きています。

卓越した商品やサービスで既存市場のシェアを獲得する例もあれば、とある市場で当たり前と思われていることを覆して新しい市場を創り出した例も多く見られます。

本章で注目したいのは後者。自ら作り出した市場であれば、競合がなく、追随者が現れても圧倒的なアドバンテージを持てるのです。

逆転の発想によって、商品・サービスをあらゆる観点から工夫した結果、今までにないマーケットが確立された事例を紹介しましょう。

会いに行くよりも来てもらう！「ほけんの窓口」

「ほけんの窓口」という会社、というか店をご存知でしょうか？

最近では、街へ出てもとても目立つ場所に店を構えていますし、看板もとてもキャッチーなので、知っている人も少なくないと思います。

このほけんの窓口、実にThink《シンク》 different《ディファレント》な会社なのです。

従来の保険では、営業マンや営業レディが見込み客のもとに出向き、そこで諸々の資料を駆使しながら内容説明をして、了承した人が加盟する説得型——言い換えると、押しつけ型のビジネススタイルでした。

だから「ちょっとだけ参考のために話を聞いておこう」と軽いノリで呼ぼうものなら、「さて、獲物がかかったぞ！」とばかりに口説きに口説き、押しに押し、と売り込まれる。「いやいや、そんなに深い興味があったわけじゃないのでそこまで押されても……」と思ってももう遅い。なかなかやめてもらえません。日が過ぎてからも売り込みは終わらず、「そろそろいかがですか？」「新しい保険が出たんです」と追い打ちもあったりして、なかなかあきらめてくれない。

結果、無理やり入らされるか、断ってもげんなりして疲れてしまう。「しつこさのみ」が保険の営業マンに向けられる評価や視線になり、中には「保険」と聞いただけでアレルギー反応を示すほど保険屋嫌いになるケースが多かったのです。

●ほけんの窓口がマーケットに持ち込んだ Think different

そんなアンチ保険市場に決然と Think different な視点を持ち込み、市場を逆転してしまった会社があります。

それが「ほけんの窓口」です。

先ほどもお伝えした通り、保険には「押しかけるから嫌われる」という側面があります。そもそも保険は、文字通り将来に備えて〝保険で〟考えておくもので、「心から欲しい！」「今、必要なの！」と切羽詰まった状態にはなりにくい商品。それを「よし、顧客ゲットのチャンスだ！」とばかりに口説きに走るから、敬遠され、逃げられてきたわけです。

それでは、一時はうまく行っても、長続きするはずがないですよね。

ところが、ほけんの窓口はそこに逆転の発想を持ち込みました。

「行くから嫌われるのなら、行かずに来てもらおう！」

創始者がそう考えたかどうかはともかくとして、結果はそうなっている。そして、市場を変えてしまったのです。

ほけんの窓口は店舗型ビジネスです。つまり店があり、入口がある。入り口のドアをくぐる行為は〝わざわざな〟行為です。

つまり、ドアをくぐってくる人は「何か要件がある人」であることがほとんどなのです。もちろん、冷やかしのような場合もあるでしょう。しかし、アレルギーになりやすい業種で、看板にも「保険」と書かれている店舗に、わざわざ冷やかしで入ってくる度胸のある人は、そうそういないと思いますし、私なら入りません（笑）。

ですから店舗には、少なくとも何かしらニーズや目的、もしかしたら緊急の要件がある人だけがやってくるわけです。

「入ってきた人はみんな相談事を抱えている」

これは強いです。売る側からすれば、苦労して見つけなければいけないお客さんが自分から来てくれるのですから。

業種を問わず、ビジネスは何らかのニーズを持っている人を見つけることが一番大変。ビジネスは一般的に営業＝集客が最も大変で、コストもかかるし人手も必要。見込み客一人を見つけるのに相当な時間とコストと大変な思いをするのが昨今です。

しかしほけんの窓口は、その一番大変で一番大事な部分を、軽やかに乗り越えてしまったわけです。

これは恐ろしいほどの強みです。向こうから聞きたいと言ってくれるのですから説明し放題。もともと何かの必要を抱えてやってくる人が相手ですから、「まずは心を開かせて……」のような営業のセオリーが省略できるわけです。

広告の世界ではこれを「パーミッション＝事前許諾」と言います。これなしに一方的に話すのは嫌われるし、人によっては嫌がらせです。

そして、このパーミッションを取るのが実に難しい。

ほけんの窓口は、相手がその気でやって来ているわけですから、説明し放題！　説明すればするほど親切な人になっていく。

この流れ、最高ですよね。

このように Think different な思考を持つと、マイナスが一気にプラスに転化します。弱みを強みに変えることができるのです。

さてここであなたに質問です。

「○○の窓口」と呼称をつけるとビジネスが一気にうまく行く。加速する――そう思いませんでしたか？

「自分も○○の窓口、やってみようかな？」と思いませんでしたか？

大事な大事な注意事項です。このやり方は、何にでも通用するわけではないのです。言い換えるなら「このやり方には向いている業種と向かない業種がある！」ということ。

向いている業種は、保険を中心とした「中身がわかりづらい業種」です。

要はお客さんがとても困っていることが多く、しかも「どこが良いのかわかりにくい！」「どれが自分に合っているのかがわからない！」「金額の違いがわからない！」というような業種です。

他にヒントを出すなら、エステやリフォームや化粧品。エステの窓口、リフォームの窓口、コスメの窓口……どうでしょう、ぴったりとハマりそうな気がします。

一方で、絶対にやめたほうが良い業種もあります。

単価の低い商品や、商品にどれも差がないもの、どこでも同じようなものが手に入る場合などは向いていません。

その辺りを考えてからチャレンジするようにしてみてください。

「コーヒーは甘党」にジャストフィット！ジョージア「MAX COFFEE」

賛否両論――これもThink differentの重要な要素です。

すべての人に好かれよう、愛されようとすると結果、誰にも好かれなくなる。これはすでにお伝えしましたね。前述の仲畑貴志先生の著書のタイトルではないですが、「みんなに好かれようとしてみんなに嫌われる」現象が起こってしまうわけです。

そこで賛否両論の登場。マックスコーヒーとは、ジョージアから出ている缶コーヒーで、黄色い缶に黒字で大きく書かれた「MAX COFFEE」が目印。コーヒーの中でもかなり甘いコーヒーとして知られています。むしろコーヒーの苦さも感じないほどで、コーヒーが飲めない人でも飲めるレベルです。何か矛盾している気がしますが（笑）。

「蒙古タンメン中本」の、「辛いけどうまい！」「辛いの苦手な人は来なくてもいいよ！」の生き方ではないですが、マックスコーヒーの生き方は、まさに賛否両論を絵に描いたようなもの。

マックスコーヒーは甘いです。私はお酒も大好きですが、甘いものも大好き。そんな甘党でもある私が「これは相当甘いな！」と感じたのですから、かなりのものです。

その甘さゆえに苦手に思う人も多いでしょうが、逆にその魅力に魅せられる人も決して少なくないのです！

●マックスコーヒーが選んだ Think different

マックスコーヒーは、数ある缶コーヒーやペットボトルのなかでも「一番甘いコーヒー」とも言われています。発売元はコカ・コーラ社。その甘さから、もはやカフェオレやコーヒーというよりコーヒー牛乳に近いものになっています。

開発スタッフが目指したものは「銭湯で風呂上がりに飲んだコーヒー牛乳の懐かしい味」だそうです。

以前は諸事情から、千葉県、茨城県、栃木県のみの地域限定発売だったのですが、最近では少しずつ販売地域が広がっており、仙台と北陸のコカ・コーラエリアで販売されています。その他、東北と関東、東海地方をカバーしているコカ・コーライーストジャパンエリアでも販売されるようになり、着々と日本全国に知名度を上げてきています。

マックスコーヒーの甘さの由来は、ずばり練乳。原料は多い順に「加糖練乳、砂糖、コーヒー」の順に並べられています。つまり、コーヒーよりも加糖練乳・砂糖の量が多く、加糖練乳がもっとも多いのです。

糖分量はコーラとほぼ同じ9．8％。角砂糖に換算するとなんと8個と、すごい量です。普通は敬遠されます。当然ながらカロリーも高めで、100ｍｌあたりのカロリーは50キロカロリー。500ｍｌペットボトルもありますが、単純計算すると……やめておきましょう。炭水化物も10．2グラムとなっていて、トータル的にダイエット中の人にはおすすめできません。

とはいえ、甘いもの好きにはたまらない。マックスコーヒーの人気は練乳や糖を大量に使った甘さから来ているのは間違いありません！　公式ページでも「マジハンパなくバリ甘いリアルにコーヒーちょー元気つづきMAX！」というキャッチフレーズでも紹介されているほどですから。超甘党の人や、疲れてとにかく甘いモノがほしい人は一度試してみてもいいのではないでしょうか？

練乳をメインに使用してミルキーなおいしさを実現した、やみつきになるおいしい甘さは、疲れて甘いものが欲しいとき、仕事の合間にホッと一息つきたいときなど、日常の様々なシーンでお楽しみいただけます。

人の死なないミステリ小説「万能鑑定士Qシリーズ」

ミステリ小説には殺人が付き物だと思っていませんか？

そもそも「Ｍｙｓｔｅｒｙ」とは神秘や不思議の意味ですから、必ずしも人が死ぬ必要はありませんが、ミステリ小説には不可解な殺人事件が起きて、主人公が卓越した推理力で解明する作品が圧倒的に多いですし、読者も当然のこととしていると思います。

しかし、中には「ミステリ小説は大好きだけど、人が死ぬのは嫌」という人も結構います。小説によっては殺害シーンや死体の様子が生々しく描写されていますから、読みたいのに読めない本があるそうなのです。

また、現実の世界ではそれほど不可解な殺人事件は起こりませんから「変死体や密室殺人と言われてもピンとこなくて、本の世界に入り込めない」という人もいます。

そんな人たちに愛されているジャンルが「人の死なないミステリ」です。殺人事件は起こりません。でも、不思議な出来事や事件は発生し、主人公らはその謎を解きます。誰も殺されないので、読後の後味が悪いことがなく、ミステリを読みなれていない人にも薦めやすいジャンルです。

●万能鑑定士Qシリーズが読者を生み出したThink different

この分野を代表する作品が松岡圭祐さんの「万能鑑定士Qシリーズ」です。ずばり「面白くて知恵がつく人の死なないミステリ」というキャッチフレーズがついています。

主人公の凜田莉子はありとあらゆる知識に通じた鑑定士で、自店「万能鑑定士Q」に持ち込まれる品々を鑑定します。莉子のパートナーは週刊誌記者の小笠原悠斗。仕事には熱心だけどドジ、というちょっぴり頼りない相棒で、莉子にひそかな思いを寄せています。

莉子は様々なものを鑑定することで事件を解決していくわけですが、鑑定対象について詳しく書かれているところも見どころです。綾瀬はるかさん主演で映画化された『万能鑑定士Qの事件簿Ⅸ』では、ルーブル美術館の名画モナ・リザがモチーフでした。「面白くて知恵がつく」というフレーズにも、充分な説得力があります。

そして、「人の死なないミステリ」という看板に偽りなし。本当に殺人事件は起こりません。ただし、荒唐無稽な話ではありません。

莉子は、子どものころは感受性が強く、感情を込めすぎるがゆえに勉強が手につかない万年劣等生でした。しかし、勤め先のリサイクルショップで情動を記憶力に変える特殊な勉強法を知ったことで、常人では考えられないほどの知識を吸収します。生来の豊かな感性に膨大な知識が重なったことで、能力が開花するのです。

この設定がシリーズの胆ですが、万年劣等生を天才にする勉強法などあり得ないし、ありとあらゆる知識を記憶できる能力も現実的ではありません。

しかし、そこに希望があるように思うのです。

劣等生や特殊能力は役に立たないと、切り捨ててしまうのは簡単です。ですが、人にはそれぞれに可能性や才能があり、それを活かす場は必ずどこかにあるはずです。

小笠原にしても職場では高い評価を得ていませんが、やがて莉子にとってなくてはならない存在に成長します。そんなストーリー展開の妙が本シリーズの魅力ではないでしょうか。

作者の松岡圭祐さんは１９９７年に発表したデビュー作『催眠』でいきなりミリオンセラーを記録した実力派です。「万能鑑定士Ｑシリーズ」は先日シリーズが完結しましたので、また新たな「人の死なないミステリ」シリーズの誕生を期待しています。

第9章

変化しても芯はブレない、だから愛された企業たち

変化してもコアはブレないこと。その見極めが大事

時代とは、とても移ろいやすいもの。臨機応変に対応しなければならないこともままあります。

もしもセブン＆アイHDがイトーヨーカ堂のままだったら、今日はなかったかもしれない。コンビニ業態で積み上げたノウハウをスーパーマーケット業態に活かし、またその反対も行ったことで、コンビニのみならず、スーパーマーケット本体も生き残ることができたのです。

しかし、表向きはセブン＆アイになっても、その本質は変わっていません。ムダのない売り場づくりは、今なお一貫しています。

一見すると時代に応じて転換しているように見えて、実はコアな部分がブレていないという事例は多いです。

何を変えて、何をブレさせないのか？　その見極めが重要なのです。

お客さんの便利を常に追求！　セブン＆アイＨＤ

セブン＆アイＨＤは、もともとは総合スーパーのイトーヨーカ堂を中核とする企業グループでした。しかし、コンビニ業態＝セブンイレブンの圧倒的な成功を背景に、親子関係がいつしか逆転して行きました。

そこで２００５年に持ち株会社を設立、現在の社名セブン＆アイＨＤになりました。小売業態以外にもレストランなど業態は広がっていますが、中興の祖である鈴木敏文さんが築き上げた〝商いの本質〟は今なお健在です。

さて、ではそのセブン＆アイＨＤの本質を見せつけることとは、いったい何でしょうか？

私としては、「ＰＢ＝プライベートブランドへの拘り」だと思うのです。

１９７０年代初頭に登場したコンビニエンスストア。どの店も営業時間が短かった時代に、コンビニは利便性を〝売り〟に成長します。当時は定番商品の定価販売が基本で、店の個性は二の次でした。

その流れを大きく変えたのがプライベートブランド（ＰＢ）商品です。

もともとはスーパーマーケットなどが中間流通コストや広告宣伝費などを省いて、ナショナルブランド（ＮＢ）商品と似たものを安く販売しようと開発したもの。しかし、どの店もＰＢ商品を扱うようになると、安さだけでは売れなくなりました。

●セブン&アイＨＤの高級ＰＢが持つThink《シンク》 different《ディファレント》

セブンイレブンはそこに風穴を開けました。ＰＢ商品にはダイエー『セービング』やイオン『トップバリュ』のようにお得感を強調する名前が多いのですが、逆にセブンイレブンは『セブンプレミアム』と高級路線を打ち出したのです。

さらに3年後には『セブンプレミアム　ゴールド』。通称「金のシリーズ」を発売。パッケージは食品としては異例の金色。商品名は「金の○○」。しかも、品質にとことんこだわる——これが決定打になりました。

２０１３年発売の「金の食パン」は店頭で品薄になるほどの社会現象を巻き起こしました。それまでコンビニの食パンと言えばＮＢ商品ばかりで、マズくはないけれど特別おいしいわけでもなく、「朝食用のパンを買い忘れたから、コンビニでもいいか」という位置づけでした。

しかし「金の食パン」は、ふんわりとした食感や香り高い味わいが専門店に引けをとらないと評判になり、今なお根強い人気を誇っています。

食パン以外にも「金のハンバーグ」「金のビーフシチュー」など、ヒット商品が続々誕生しました。

お客さんの中に「金のシリーズ」に絶対的な信頼を寄せている人は少なくなく、「店頭で金のパッケージを見ると、とりあえず買いたくなる」「金のシリーズ以外は買わない」との声も聞かれます。かくいう私も、値段とクオリティのバランスに魅せられています。

金のシリーズはＰＢ商品でありながら、値段は安くありません。むしろＮＢ商品より高いくらいで、日常のちょっとした贅沢品といったところでしょう。

その演出としてインパクトある金のパッケージが効果を発揮しているのです。まさに、Think different。

セブンイレブンは、他社がやらない、チャレンジしようとしなかった圧倒的なクオリティを持ったＰＢの開発に心血を注ぎます。自らの看板＝顔を創り、利益の源泉を見つけようとしたのです。

「金のシリーズ」の登場以降、他のコンビニチェーンでも高級ＰＢを出す企業は続出しています。しかし正直に言って、セブンイレブンの足下にも及ばない。それは恐らく、鈴木敏文さんが唱え続けた「お客さんのためになるのか？」という部分へのこだわりや熱量の違いなのだと思います。

今、コンビニ業界は岐路に立たされています。店舗数は完全に飽和状態な上に、これからの人口は減少する一方。消費の多様化も進む中で、各社はどこに活路を見出すべきか、難しい選択を迫られています。

セブンイレブンは日常の贅沢を求める層に対して、少々値段は高くても、それに見合うクオリティの商品を届ける方向に舵を切ったのです。これも自社にお客を引き寄せる戦略です。「金のシリーズ」は、そんな新生セブンイレブンの象徴なのかもしれません。

変わらぬ味で勝負し続ける！　ペヤング「ソース焼きそば」

１９７５年に発売されたカップ焼きそばのロングヒット商品ペヤングの「ソース焼きそば」。定番のソース以外にも様々なフレーバーを期間限定で発売し、人気を博しています。その味のバリエーションは実に豊富。

激辛や納豆など、定番に個性を持たせた味もある一方で、蕎麦や春雨のように焼きそばではないものや、チョコレートのように賛否両論を呼んだものまで。その挑戦する企業姿勢に、ペヤングファンは強く共感します。

カップ焼きそばには勢力図があります。西の「U.F.O.」、東の「ペヤング」、北海道は「やきそば弁当」が定説のようです。

ですから東日本の人たちにとっては、カップ焼きそば＝四角いフォルムのペヤング「ソースやきそば」を思い浮かべるはずです。

最近では、既存の激辛カップ麺の歴史を塗り替えるべく、「激辛やきそば」や、一面パクチーで埋め尽くされた「パクチーMAXやきそば」など、アグレッシブな商品展開もしています。いや〜、多彩です。

●ペヤングが市場を塗り替えたThink different

さて、ペヤングのおいしさの秘密を探ってみましょう。

ペヤングの製造元はまるか食品（群馬県伊勢崎市）と言います。意外と知られていないようです。

1973年に初めて生まれたペヤング・ブランド第1弾は、実は焼きそばではなくカップラーメン「ペヤングヌードル」でした。

当時はインスタント袋麺に比べてカップ麺は高級品で貴重品。そこで、若い＝ヤングな二人がペアで分け合いながら味わってもらいたい思いを込め、「ペア＋ヤング」で「ペヤング」と名づけられたのだそうです。

そして、史上初となるカップ焼きそば、恵比寿産業「エビスカップ焼そば」が誕生した１９７４年の翌年、ペヤング「ソース焼きそば」が誕生します。これは切ったお湯をスープとして再利用する北海道定番のカップ焼きそば・東洋水産「マルちゃん　やきそば弁当」と同年のことでした。

画期的だったのは、縁日などの屋台の焼きそばにインスピレーションを得た角型容器と、史上初の液体ソースの採用でしょう。パッケージの「Ｂｉｇ」の文字は、当時60〜65グラム程度の基準だった麺量を一気に90グラムの大容量にしたことから来ているそうです。

この焼きそば、実は発売当時の味をずっと守り続けています。メーカーの中には常に味調整を行っているところも少なくないですが、ペヤングは一切変えていません。

この変えない凄味、右へならえをしない精神こそが、まさにThink different。「おいしさを変える必要はない」と会社全体が信じている証拠です。

また、商品バリエーションはものすごく豊富。私自身、食べたことも、いや、見たことすらないものもたくさんあります。

超大盛やきそばハーフ＆ハーフ激辛
激辛焼きそば
激辛やきそば　超大盛
もっともっと激辛MAXやきそば
カレーやきそばプラス納豆
夜のペヤングやきそば　夜食ver.
塩ガーリックやきそば
超大盛やきそばハーフ&ハーフ もっともっと激辛×辛さゼロ
たこやき風やきそば
豚骨醤油やきそば
炒飯風やきそば・あみ印食品工業とのコラボ商品。
すっぱからMAXやきそば
イカしたやきそば

鮭とポテトのチーズ味やきそば
からしMAXソースやきそば
激辛MAXENDやきそば
海老やきそば

……本当に全部記載できたかはわかりませんが、でもこれだけあると、端から全部制覇したくもなりますよね。

変わらぬ味でファンを離さない！　BAR「イーグル」

東京、新宿駅東口。テレビ番組中継で有名なスタジオ「新宿アルタ」の傍に「イーグル」という老舗のバーがあります。

地下1階と2階を使ったぜいたくな造り。御影石をはめ込んだ壁、ぶ厚く重厚なカウンター、ゴージャスなシャンデリアなど、まさに新宿を代表する店のひとつ。バーテンダーさんの力量も素晴らしく、いくつものカクテルコンテストで賞を獲得したスゴ腕が何人もいます。

それから料理がまたすごい。その辺のレストランではまったく太刀打ちできないくらいの独創性とクオリティを誇っています。

名物の霜降りビーフやピザパイ、かいわれ大根と生ハムのサラダに春巻き、フライドチキンなどは、それだけを目的に通う人も多いくらいです。バーではなく、レストランとして使っているお客さんも多いようで、かくいう私もその一人です（笑）。

そして、この料理達。実は登場以来何十年も味が変わっていません。

この味がウィスキーやカクテルに合う。そう信じ、試行錯誤して見つけた味だからこそ変える必要はない――それが結論なのです。

ウィスキー自体の味が変わらないのだから、当然、料理の味も変えない。

至極シンプルな考え方ですが、これは、そうそうできるものではありません。時代が変わると人の好みも変わるもの。それに連れて料理も変えていく。それもまたひとつの生き方でしょう。

しかしイーグルは、味の基準を移ろいやすいお客さんに求めず、オーセンティックなウィスキーに求めたのです。だからこそ料理も変えない。酒と料理はコインの表裏のようなモノ。どちらかが欠けても成り立たない。

移ろわないものを信じるビジネスなのです。

●イーグルのシフトこそが Think different

さて、このイーグル、同じ場所で50年近く商っていますが、数年前に〝ある異変〟が起こりました。いくら老舗の名店とはいえ、やはり〝不景気の波〟には逆らえ切れなかったのです。売上げの厳しい時期が続きました。

でもそんなとき、ある一言が店を一変させたのです。

それは、当時、80歳を越えたオーナー（この方は、新宿では〝飲食店経営の神様〟と呼ばれた方です）からの一声でした。

「バランタイン、ティーチャーズ、サントリーオールドなどの銘酒を、円高還元セールとして、1杯200円くらいでお出ししなさい！」

この一言に、現場は大混乱になりました。

イーグルは本格的なバーです。ウィスキーがメインで、もちろん安売りはしない主義。それを1杯200円で出そうというのです。しかも銘酒ばかり。

「1杯200円なんて、そんなことをしたら、5杯飲んで1000円を置いて帰るお客さんばかりになりますよ！　客層は変わるし、客単価も下がるし、商売あがったりですよ！」

現場からは、こうした声が噴出しました。しかし、オーナーは、こう続けたそうです。

「それでもいいじゃないですか。普段、高級なお酒に触れたことのないお客さんが、これを機会にいい酒を知る。気に入ってくれたら、いずれまたこの店に戻ってきてくれる。お客さんは出世魚です。育てるのも店の重要な仕事。やってみようじゃないですか！」と。

現場スタッフ一同、二の句が継げなくなりました。

このオーナーの思いこそが、Think different です。

ウィスキーを安くしても、味は変わらない。いえ、逆に変わらない味のウィスキーを出せば、派生的に料理にもお金を使ってもらえる。だって、料理はウィスキーに合ったものばかりなのですから。結果、客単価はそうそう落ちないだろう。

そのオーナーの考えは見事に的中しました。

そして今なお、イーグルは新宿で一番のバーとして君臨し続けています。

第10章

すぐ傍にいる
Think differentの達人たち

Think《シンク》 different《ディファレント》は特別な人しかできないわけではない

本書もいよいよ最後の章となりました。

ここまで読んでくださり、ありがとうございました。

とはいえ、ここまでお伝えしてきた事例は、どれも長年の積み重ねを続けてきたところばかり。もしかしたら、「それは先人たちのことだから」と、どこかで拭いきれない気持ちがあるかもしれません。

そこで、この終章では、有名企業や商品・サービスではない、それでもThink differentを実践している人たちの事例を3例、お伝えします。

彼らがすごいのは確かですが、それを自慢したいのではなく、あなたもThink differentを見出して実践すれば、彼らのようになれることを感じてもらいたいのです。

山﨑裕司さんが見つけたThink different

山﨑裕司さん、という人がいます。通称やまさん。

とても面白くユニークな視点を持ったコンサルタントで、「世の中の足りない部分」「普通の人が気づかない陰に隠れた部分」に光をあて、ビジネスにしてしまう、とても面白い人です。

コンサルとしては明らかに異端であり、ある意味、〝超〟のつくストレートな人です。実はやまさん、この生きづらい世の中に怒っています。

彼の人生は実に波瀾万丈。かなり珍しいのです。色々な事業もやってきていますし、成功も失敗も数限りなく繰り返してきています。

ですが、彼の中にずっと一貫して流れているテーマがあります。それが、「生きづらい世の中に対する怒り」なのです。

やまさんは建設会社の跡取りとして生まれました。大学に入り、留学を体験して帰国。父親の経営する建設会社に入社しますが、そこは彼の居場所ではなかった——やまさんはそう振り返ります。

待っていたのは居場所のない、真っ暗な世の中と鬱。落ち込み、動きが止まります。

しかし、やはり「怒り」を胸に彼は自ら社内ベンチャーを興します。建設業界のおかしな部分を是正し、職人さんたちがもっともっと気持ち良く技能を発揮できる仕組みを作るために力を尽くそうと考えたのです。大手をはじめ、いくつかの出版社から本を出しました。中にはベストセラーも生まれました。

しかし、それでもやまさんの思いは溢れ続け、止まりませんでした。

やまさんは、ずっと生きやすい社会の仕組みを作るために、行動し、試行錯誤を重ねてきました。

その取っかかりとなったのが、放課後等デイサービス事業「キャロットスクール」です。ライバルのデイサービス事業会社が障害児童にとって放課後の単なる居場所を提供することに力を注ぐ中、親御さんたちのニーズに合わせて、学習支援面を強化することで、知人の事業を引継ぎ、たった1年で黒字化を果たしたのです。

２０１８年４月にあった国の料金改定「３割の利用料ダウン」という大きな試練をも乗り越えました。

さらに同時並行で、やまさんは医療の分野にも踏み込みます。メディカルプラス株式会社という会社から請われて、顧問として参画するのです。

どんなビジネスかと言うと、診療所をそろそろ売りたいと思っている先生と、そろそろ開業したいと思っている勤務医若先生とのマッチングするビジネスです。

これまでにありそうでなかったビジネスモデル。着眼点が実に見事でした。眼のつけどころがまさに、やまさんです。

これまでの診療所ビジネス（仮）は明らかなブルーオーシャン（ライバルのいない市場）でした。どこであれ誰であれ、医者であれば開業しさえすれば繁盛するような市場だったのです。

しかし、そんな市場もやがてはライバルが増えてきます。

診療所ビジネスは今や、レッドオーシャン（ライバルだらけの市場）とまでは行かなくとも、ブルーオーシャンでもなくなりました。開業してもすぐには利益が出ず、中にはそのまま破綻するところも多く出るようになったのです。

新しく開業しようとする先生たちにとって、現在進行中の診療所にはそれほどの価値がなく、診療所が売りに出た時点では患者離れが起こっていて儲けもさほど期待できない状態。

一方で、現在進行中の先生にとっても、自分の診療所の売値が大きく下がるので、売る魅力がない。「だったら最後までやり続けよう」となり、ますます売値が下がる悪循環。

そんな状態ですから、診療所を新しく開こうとする若手先生も、現在進行中で運営しているベテラン先生たちも、診療所ビジネスに二の足を踏むようになってしまいました。

この状況を、やまさんは発想の転換で昇華させました。

それは「ピンポイントでマッチングさせる」ということ。まさに、Think different。

やまさんは、社長の濱田さんと組んで、クリニックのＭ＆Ａビジネスとして１８０度転換させました。潜在的な集患力が残っている案件に限りますが、高値で交渉して売り物件とし勤務医に譲渡、マッチングする。そんなビジネスへ発展させたのです。

現在、このサービスはすでに１００件を超える物件事例を抱え、ナンバーワンのサイトに成長。名古屋支社も拡大、全国展開を狙っています。


そして次に、やまさんが取り組んだのは、既存の日本社会を「生きづらい」と感じる人のための就労支援ビジネス。人を求める企業と働きたい人をオーダーメイドで就労させるマッチングビジネスです。名前は「ＺＵＴＴＯ《ズット》」としました。

「ずっとサポートするよ！　決して手を抜かないよ！」という、やまさんなりの宣言であり、ずっと尖った自分のままで働いてもらいたい、尖った自分を生きてもらいたい、そのための本気の支援を約束するものでもあります。

ＺＵＴＴＯの基本理念は「生きづらい、働きづらいと感じる当事者に寄りそう」。これは、障がい者に対して雇用既存各社が「障害者雇用促進法」に縛られてしまっていることへの対立軸です。

法ありきで考えた場合、障がい者雇用の対象はどうしても大企業になります。いわゆる約２％の枠にどう障がい者を送り込むかになってしまいます。そして、送り込むのは「障がい者」とカテゴリされる人たち。当然、手帳が不可欠ですし、与えられる仕事内容も「障害者用の仕事（というか作業）」になってしまいます。

すると、障害者である利用者は、〝安い給料〟で〝やりがいのない、つまらない仕事〟を〝何の達成感もなくいつまでも黙々〟と続けるしかなくなります。

「これではダメなのだ！」とやまさんは言います。

必要なのは、生きづらい人でもやりがいと達成感を持って働ける環境づくり。それは個人だけではどうしようもなく、企業側の協力も必要です。企業も、人手不足に苦しんでおり、即戦力で有効活用できる人材が、喉から手が出るほど求めています。

従来の、障害者にお情けちょうだいの仕組みではこの仕組みは実現しないし、中心になる障害者が活かされません。本人にとっても、人材不足の企業にとっても、税金不足の国家・

自治体にとっても大損失です。

ＺＵＴＴＯが志すのは適材適所による三方良し。

働く人はその持ち味を活かし実力を発揮でき、採用する側は、即戦力で有効活用したい。そのマッチングを行った結果、制度を運営する行政には所得からの税金が入る、見事な仕組みができ上がりました。


この先もＺＵＴＴＯでは、元気の良い中小企業や技能工市場も視野に、利用者がイキイキと働くことのできる職場を開拓、もしくは開発をしていく方針です。

ＺＵＴＴＯが東京都から認可を得る過程に於いて、何度も指摘がありましたが、この業界は既にレッドオーシャン、開業して集客できずに「何とかならないか」と支援を求めてくる事例が後を絶たない、とのこと。

オリジナルの自社開発のプログラムを活用し、利用者との実践の中で、鍛えられ、成長していく事業を目指しています。

佐藤和人さんが見つけたThink different

私の可愛い弟分であり、優秀なマーケターでもある佐藤和人さん。彼は青森県・浅虫温泉の出身。青森への愛着は相当なものです。

フリーランスを経て、友人と会社を創るも、その会社が破綻し、あるご縁でＩＴ企業の、それもＳＥＯをメインに取り扱うＷＥＢコンサルティング会社に就職しました。

ＳＥＯ（＝検索エンジン最適化）。今や一般的な言葉になったかもしれません。「インターネットで検索されたときに、できるだけ目に留まりやすい上位に自分のサイトが出て来るようにすること」を指します。

そのＳＥＯ業務を受注するのが、就職先のメイン事業。佐藤さんはＳＥＯコンサルタントとして売上げを上げること、そのために雇われたのです。

ですが入ってみると、見ると聞くとでは大違い。会社はダッチロール（迷走）の極みでした。

会社の目的は、ＳＥＯという「手法」を売ること。ですから、想定した見込み顧客に、直接電話をかけて営業する、いわゆる「アウトバウンド業務」がメインになります。

しかし電話営業をかけても、効率は下がり続けているし、見込み客が見つかったとしても、最終的な受注までには至らない。小さな会社ながらSEOにかけては誠実に取り組んでいたのですが、大手と戦うだけの明確な武器もなければ大手のように業界のスターもおらず、なかなか打つ手が見つからない。伝えたいことが、伝えたい人に伝わらない状況にありました。


そこで彼は一計を案じ、大きな改革を仕掛けました。

彼が手がけた改革は、まさに会社を180度換えることでした。

自分から見込み客に近づいていくやり方から、見込み客が自ら近づいてくるようなやり方に舵を切ったのです。

意識の矢印＝ベクトルを「自社→見込み客」ではなく、「見込み客→自社」に変える試みです。こうすれば本気でSEOで困っている意識の高い見込み客が集まるはず。ここが佐藤さん、ひとつ目のThink differentでした。

今までのやり方では、会社が真に出会いたい見込み客と出会う確率はどんどん低くなっていきます。加えて、検索結果の動きにも影響され、今まで通りの「SEO」を売るのではライバルも多いし、勘違いしたお客さん（単に検索の順位が上がればそれでいいと思っているお客さん）ばかりが増え、会社の実力を発揮できません。

そこで、佐藤さんは売るべき商品を、ＳＥＯから「コンサルティングをメインとしたＷＥＢ集客の総合サポート」にするべく、打つ手を切り替え、舵を切り直していったのです。

とはいえ、舵を切り直すと言ってもそう簡単にはいきません。

当然ながら内部からは猛反発を受けました。しかも、佐藤さんは新参者の身。だから彼は土台づくりから始めることにしました。まずはやってみせることと内容を理解してもらうことに心血を注ぎました。

それを実現するためのポイントは、大量行動です。

人と会う会う会う会う会う会う……さらに、会う。

メンバーと話す話す話す話す話す……そして、話す。

こうした大量行動の中から、少しずつ理解者が生まれ、新しい流れが生まれていきました。

こうして文字にするとシンプルに見えますが、実はこれはものすごく困難なこと。それまでの顧客獲得の仕組み自体を根底から変えなくてはいけないことでした。

「コンサルティングをメインとしたＷＥＢ集客の総合サポート」に切り替えるにしても、その見込み客が一体どこにいるのかがわかりませんし、何を見せれば関心を持ってくれるか、もわからない状態。佐藤さんの試行錯誤は続きました。

彼が覚悟を決め踏み切ったのが、「お客さんの濃度を高めるにはどうするべきか？」という課題です。

単に風呂敷を広げて闇雲に見込み客を集めても、本気のお客さんがいなければ業務は成り立ちません。余計な労力と時間を空費するだけです。だから経営陣を説得し、社内に働きかけ、理解者を増やし、予算と労力と人の最適バランスを変えていきます。

そして、本気のお客さんが近寄ってきてくれるための矢印とするために、コンサルタントの育成に着手します。SEOは「どのコンサルタントに依頼するか」が大きな決定要因になるからです。コンサルタントの質がそのままお客さんの質につながると考えたからです。

ここが佐藤さん、ふたつ目の Think different でした。

大量行動の結果、外部にも強力なパートナーが現れ、良質な見込み客が徐々に増え、成約率も上がってきました。内部にも積極的に手を貸してくれるメンバーが生まれて、効率はさらに上がるようになっていきます。

「コンサルティングを売るには、何を選び、何を捨てるか」を徹底したわけです。

お気づきかもしれませんが、コンサルティングのような「目に見えない商品」は、そう簡単に成果が出るものではありません。具体的な物がないので、買う側は誰しも先が見えない不安に苛まれます。だから、プロセスを開示することが重要でした。

今、自分たちはどこを目指していて、その航路のどこにいるのか？

そこを知ってもらわない限り、人はついては来ないし、理解してはもらえない。先の見えない努力なんて人はしたくない――そこを理解した上での行動でした。

そして、佐藤さんの成果は徐々にですが出てきます。内外からの評価も大きく変化してきました。

それともうひとつ、彼がこだわったのが分析です。

科学的なアプローチをしなければ、人は納得しません。通常、感性で生きている人でも、いざというときは数字を信じようとします。

そこで佐藤さんは、随時、数字を提示することを心がけました。目標数値を決め、今、自分たちが何をやり、その結果、ここまで来た、ここまで届いていない、これだけ足りない……そこをしっかりと共有するよう動いたのです。

結果、新たな理解者が増え、さらに彼の構想にドライブがかかります。

彼のイメージしていた仕組みがかなり形になって来たころ、言い換えれば、彼がいなくても仕組みが動くようになって来たころ、彼は新たな行動を起こします。

新たな転機——転職です。いくつかの候補から、インターネット英語教材の会社を選びます。

今、彼は新しい就職先で新しい Think different は発揮しようとしています。きっと新しい就職先でも旧来のやり方を大きく変える、変革に着手しようとしていることでしょう。

兄貴分として、これから何が起こるか楽しみです。

愛垣水奈子さんが見つけた Think different

熊本に、愛垣水奈子さんという奥様がいます。

7歳のときにかぎ針に出会って以来、毛糸と編み物に引き込まれ、10歳から本格的に編み物を習い始めたといいます。

大人になり勤めに出てからも毛糸への思いを断ち切ることができず、個人ビジネスとして編物教室を始めます。このときに手がけたのが、毛糸に関する個人サイトの構築でした。

いきなりですが、ここがひとつ目のThink differentです。


水奈子さんは、自分を売り込むことをせず、役立つ情報の発信に集中しました。

「世の中には編み物が好きな人はたくさんいる。でも、やり方がわからなかったり知識を欲しい人が大半。そんな人たちの役に立ちたい！　助けになりたい！」

そんな思いからのスタートだったからです。

特に、サイト内での編み物掲示板運営、編み物に関する質問・疑問への対応など丁寧な情報発信に心を注ぎました。売り込むよりも「役に立つ」を徹底したのです。

すると、大きなエポックが訪れました。

糸を扱う会社からのコンタクトがあったのです。ある日、掲示板の書き込みを見ると、

「一緒にやりませんか？　手伝って欲しい」という誘いの文章が。

愛知県の毛糸屋さんのWEBサイト運営者からのメッセージでした。

熊本在住の一主婦と愛知県の店とが、まさに〝糸〟で繋がった瞬間でした。真面目に地道に良質な情報を発信していけば、いずれは大きなチャンスに巡り会う。その典型のような出来事でした。

さらに大きな出来事が起こります。手伝っていた愛知県の毛糸屋さんが、東京の丸ビルで行われる大きなイベントに関わることになったのです。

イベントの目的は「自社オリジナルの毛糸を関東の編み物や織りの愛好家に見てもらうこと」です。このイベントは、展示用什器から製作し、丸ビル1階のイベントスペースに2日間限定で出店するものでした。

水奈子さんはサンプルとして展示する作品の半分（24作品）のデザインと制作・管理、展示スペースのレイアウトなどを企画、設定を担当することになりました。丸ビルのイベントは、2日で約200名を集める大規模なもので、丸ビル側からも高い評価を受けたようです。

その後、水奈子さんは毛糸屋の会社を結婚・出産を機に退職し、熊本に戻ることになります。しかし、この展示会開催を通してビジネスにおける厳しさを経験したことは彼女の責任感を育てる機会となり、水奈子さんを大きく変えていきます。

熊本に戻った水奈子さんは、今度はライティングのチャンスを掴むための具体的なアクションを起こします。毛糸屋さんのＷＥＢショップ運営で担当していたコンテンツ制作の腕を磨くため、ライティング講座を受講。ライターグループ登録の承認を得ます。

さらに、ライターとして登録していたグループに申し込まれた案件に次々と応募をします。内容は、生活雑貨、ビジネスヒント、輸入食品など、真面目で硬めの文章に徹します。安易に流行を追ったりはしませんでした。

水奈子さんのすごいところは、圧倒的な行動の量＝大量行動です。

これぞ、ふたつ目のThink different。他の人がなかなかできないことだと思います。やろうと思ってもできない。そこを軽やかにやってのけるのが、彼女の素晴らしいところなのです。

動けば動くほど（もちろん理にかなった動きでなければダメですが）チャンスに出会う確率は上がります。これは当然のこと。しかしそこには、確固たる計算やある種の戦略が不可欠です。

水奈子さんが立てた戦略は至ってシンプルなものでした。「得意な分野に絞る！」です。得意な分野だけに絞って応募するということは、応募の内容に力があると言うこと。応募を受ける側にとっても、「この人なら大丈夫！」と思えます。

これが、何でもかんでも、得意不得意にかかわらず闇雲に応募したらどうでしょうか？　自信も伝わらず、プロにも見えない。結局、徒労で終わります。

この「自信のあるジャンルしか狙わない大作戦」のおかげで、水奈子さんの採用確率は9割5分以上。ファッション、グルメなど、苦手な分野にはチャレンジしなかったので、落ちた記憶がないそうです。

また、地場企業のオンラインショップ運営担当に応募し、採用されます。本当に次々と行動を仕掛け、結果、チャンスを手にしていくのです。

その面接時、前職の経験を紹介する際に「糸が好き」と発言をしたそうです。

面接した企業は地元の酒蔵だったので、一見関係のない発言です。しかし、この一言がきっかけで採用になったそうです。当時の社長曰く、採用の理由は「そういうこだわりはとてもいいですね」とのことでした。

次に水奈子さんは、熊本県が主催する「くまもと手仕事ごよみ推進事業」にも参加。「くまもと手しごと研究所」のキュレーターとして第1期（平成25年度）から活動することになり、SNSを活用した地元の情報発信を担う活動を現在も続いています。

育児期間中には控えていた編み物も再開させます。もちろん、ここでも編み物だけにとどまりません。

新たに手がけるのは〝手つむぎ〟です。手つむぎとは専用の道具を使って、羊毛などの綿を糸にすることです。熊本は暖かい地域でもあり、羊毛の手つむぎをする人口は少ないです。まして、手つむぎをして編み物をする人はさらに少ない。だからこそ物珍しい活動なので注目されやすい、と水奈子さんは考えました。

この着眼点もまたThink different。他の人にはなかなかできない発想ですね。

こうして水奈子さんは地方で生きる奥様たちのひとつのロールモデルとなって日々、活動を続けます。

一つひとつはさほど大きなことや珍しいこと、ましてや難しいことではないかもしれません。

ですが、ひょっとしたら誰でもができるかもしれないことを、誰にもできないくらいオルタナティブに大量に動かしていく。このことが重要なのです。

水奈子さんの動きを見ていると、元気になりませんか？

あなたも自らの可能性にチャレンジしてみませんか？

おわりに

崎陽軒のシウマイに頭をが～んとやられてから長い時間が経ちました。

でも、あの味は変わらず、新幹線に乗るたびにシウマイ弁当を買ってしまう自分がいます。

そしてホッとする自分がいます。


工夫は大事です。そして、工夫とは真似ではありません。

少し面倒な言葉を使うとすれば、本当の工夫とは「カスタマイズ」であり、「アレンジ」です。

企業も店も商品も人も、ふたつとして同じものはありません。

ビジネスを始めるとき、真似をすることはもちろん大事ですが、どこかの誰かが成功したやり方を〝そのまま〟真似しても、うまく行くわけがないのです。

そこで、カスタマイズ&アレンジです。

「あそこのうまく行ったケースを、どうすれば自分のビジネスに取り入れられるだろうか？」

そう考えたときに、間違いなく光は差します。その光を信じてもらいたいのです。

崎陽軒も最初は光が見えませんでした。しかし、Think different な思いを持ち、必死で努力した結果、見事に光を見つけました。

その光は、明日のあなたが見つける光かもしれません。

本書に登場するいくつもの実例が、あなたのカスタマイズ＆アレンジの一助になればこれほどうれしいことはありません。

常温の水が冷たく感じられるようになった朝に。

中山マコト

なぜ崎陽軒《きようけん》のシウマイは冷《つめ》たいのに売《う》れるのか？
〜Think《しんく》 different《でぃふぁれんと》 30 売《う》れ続《つづ》けるヒット商品《しょうひん》を読《よ》み解《と》く〜
2019年1月27日初版第1刷

著　者　中山《なかやま》マ《ま》コ《こ》ト《と》

発行人　松崎義行
発　行　みらいパブリッシング
〒166-0003 東京都杉並区高円寺南4-26-5YSビル3F
TEL 03-5913-8611　FAX 03-5913-8011
編集　廣田祥吾
企画協力 Jディスカバー
ブックデザイン 則武 弥

発　売　星雲社
〒112-0005 東京都文京区水道1-3-30
TEL 03-3868-3275　FAX 03-3868-6588
印刷・製本　株式会社上野印刷所
落丁・乱丁本は弊社に宛てにお送りください。送料弊社負担でお取り替えいたします。

ISBN978-4-434-25572-4 C0034